Best of Susie Sexpert

Danksagung

Ich möchte den folgenden FreundInnen dafür danken, daß sie mir ein, zwei Dinge über Sex beigebracht haben: meinen Kolleginnen bei *On Our Backs,* Debi Sundahl und Nan Kinney; Joani Blank und ihrem Phänomen *Good Vibrations*. Danken möchte ich darüber hinaus Honey Lee Cottrell, Carter Herrera, Willie Grover, Rebecca Hall, Eric Hodderson, Lisa LaBia, Bill Tonelli, Joelle Vidal, meinen FreundInnen in Puéchabon und meinen Verlegerinnen bei Cleis Press, Frédérique Delacoste und Felice Newman.

Inhalt

Laura Méritt: *Erneute Einführung*   9

Das erste Mal   13

G-Spot-Zipperlein   17

Machen Vibratoren süchtig?   20

Pack's ein – ich nehm's   23

Eine Butch ist eine Bucht ist eine ...   25

Alles im Arsch   27

Party Snacks   31

Gruppendynamik   36

Gurken und andere Südfrüchte   43

Faust im Spiel   50

Verbrechen wider die Natur   55

Verdammt, Madame!   59

Fisting II   63

China Girl   68

Weg mit den Samthandschuhen!   74

in & out 82

Absolut bestechend 87

Guter Hoffnung 91

Kreißende Lesben 95

Hey, leg mich flach! 99

Leck mich doch ...! 103

Geburtstag à la O 108

Von Delphinen und anderen Fabelwesen 120

Phantasien sind kein Kaffeesatz 134

Strip Tea 144

Eiertanz 157

Ja sagen und ja meinen 170

Lesbische Lebenslügen 182

Von Wetterfahnen und dem grünäugigen Monster 191

Das Sexleben der Legehenne 201

Sexberaterin der Stars – Meine Rolle in *Bound* 206

Quellennachweis 217

Biographisches 219

Erneute Einführung

Susie Sexperts Sexwelt für Lesben eröffnete sich uns im letzten Jahrhundert. Vielen sprach sie aus voller Möse und nahm die obschönen Worte in den Mund, die schon lange herausspritzen wollten. Die Sex-Guru war eine der ersten, die pionierinnenhaft die öffentliche und sexplizite Reizung vollzog und ein wichtiges Kapitel unserer „Herstory" schrieb und weiterschreibt.

Was sie zur charismatischen Persönlichkeit in Sachen Sex stilisiert, ist auch, daß sie alles Geschriebene zwar selbst erlebt hat, jedoch betont, nicht unbedingt alles wiederholen zu müssen. Ihre sexuelle Philosophie läßt keinen Wettbewerb zwischen den verschiedenen Sexpraktiken zu, sondern fordert auf, alles zu tun, was sich gut anfühlt.

Ihr Debut feierte sie in eingeschulter Umgebung mit Speichel anstelle von damals noch teurem Gleitgel. Das brachte ihr einen Antrag der legendären lesbischen Sex-Zeitschrift *On Our Backs* ein, deren Herausgeberin sie in den achtziger Jahren war. *Good Vibrations*, der Frauen-Sex-Shop in San Francisco, bot ihr die Möglichkeit, als Teil ihrer Arbeit Gespräche zu führen und Informationen zu sammeln. Schließlich war sie die erste Frau im Sex-Business, die über Pornographie schrieb, eine wahrhaft weibliche Pornogräfin. In ihren Kolumnen in *Penthouse* legte sie nicht den herkömmlichen Peter-Meter an, sondern eröffnete verschiedene Perspektiven, die sich zum Beispiel auch den Gefühlen beim Betrachten von Pornos und natürlich auch dem weiblichen Appetit widmeten.

Feministisch gebettet kämpft sie gegen sexuelle Unterdrückung als Machtinstrument und findet sich hier unter einer Decke mit Andrea Dworkin, lediglich die Climax der beiden unterscheidet sich: Susie Bright fordert eine sexuelle Alphabetisierung (von Erwachsenen), die die Basisinformationen über unseren sexuellen Körper und Geist vermittelt. Susie ist wie „ein Schuß Schokosirup im Scotch" (*Esquire*) – sie ist nicht nur eine superbe Schreiberin, sondern auch eine akkurate psycho-sexuelle Analystin der Gesellschaft.

Viele Orgasmen gingen ins Land, und viele von Susies Sex-Prognosen haben sich erfüllt. Die Amazonen-Nation von heute läßt die lesbischen Novizinnen von vor zehn Jahren atemlos dastehen. Produkte, Dienstleistungen und ein gesellschaftliches Leben, das einer sexuell befreiten und sich selbst akzeptierenden Frau angemessen ist, sind mittlerweile vielfach gegeben. Dildos und Vibratoren können hierzulande frei ausgewählt werden, allerorten und auch im Bett wird über Sex geredet und verhandelt, aus lesbischen Federn fließt es unerschöpflich. Cliteratur und Voyeusentum greifen um sich und machen sexplizit, wie unsere Körper aussehen, welche Bandbreite unsere Gefühle umfassen und wie wir Sex machen. Es scheint so, als ob Lesben nicht nur Farbe und Form ins Sortiment der „Hilfsmittel" gebracht hätten, sondern über die Spielzeuge hinaus die Sprache und Diskussion um weibliche Sexualität erregt bzw. um neue Möslichkeiten erweitert haben.

Die „lesbische Lifestyle-Bibel für alle Mösentaucherinnen und Fäustlerinnen unter Vierzig", wie Susie selbst ihr Frühwerk nennt, hat ihr Bestes dazu beigetragen. Und auch als stolze Übervierzigerin hat es mir Lust bereitet, erneut in den immer noch aktuellen Seiten von Susies Sexwelt zu blättern. Ob es um die sittlich wertvolle Tätigkeit des Vibrierens geht, um Dildo-Neid bis zum beziehungsbedingten Vandalismus, Oralsex als einem Beispiel nicht gleichberechtigter Sexpraktik oder Tribadie zwischen SM und Vanillasex, überall gilt: Penetration ist nicht heterosexueller als Küssen. Wenn alles im Arsch ist, ficken Heteras ihre Männer, arbeiten Butches schon lange in femininer Verkleidung in der Sexindustrie und sind zudem guter Hoffnung, orangeal massiert zu werden. Erotische Phantasien aus einem unerträglichen Alltag verwandeln sich in orgiastisches Dynamit. Dildos werden gepackt und eingesetzt, was das Zeug hält. „Genderfuck" ist angesagt.

In Kinofilmen wie *Bound* treten starke lesbische Charaktere auf, die vom Publikum ausnahmslos begehrt werden. Keine andere als Susie Bright war hier für die wundervollen Sexszenen verantwortlich. Orgasmus-Beraterinnen werden künftig auch bei Pornofilmen herangezogen werden. Lesbischer Sex gilt als vorbildhaft und hat gesellschaftliche Nachahmungsfunktion, so weit ist „es" gekommen: Frauenmagazine bemühen sich, den Lesbo-chic auch an den Mann zu bringen. Nicht nur, daß die Mode stark lesbisch beeinflußt ist und den Frauen Standhaftigkeit gegeben hat. Femininität ist ein Fetisch geworden, und High Heels gehören in die Spielzeugkiste.

Die „Lesbianerinnen" haben das häßliche schlaue Entlein-Image samt den Bilitis-Blüten und der „schlechten Männerkopie" abgestript. Eine polysexuelle Realität kommt zum Vorschein. Lesben lassen sich nicht auf männlich oder weiblich, Butch oder Femme reduzieren. Wir wollen alle Varianten und immer neue dazu. Burberry-Holzfällerhemd mit Lippenstift und Vokuhila-Haarschnitt, Faltenstrickrock mit Anglerstiefeln und Minikini mit Sportkäppi, Frack und Boxershorts mit Schwimmbrille und hochgestecktem Haarteil .... Das erfordert von den Betrachtenden genaueres Hingucken auf eine Person und Erkennen der Signale unter Abwerfen von (geschlechtlichen) Vorurteilen.

Beschränkenden Bi-Phobia-Ballast abwerfen muß auch die queere Bewegung und insbesondere die lesbische, um ihren Anspruch zu erfüllen, alle sexuellen AbweichlerInnen als Teil der Familie willkommen zu heißen. Deren gibt es schließlich jede Menge in strikt homo- und heterosexuellen Kreisen, und nicht nur Susie Bright ist eine solche, jetzt offen mannsliebende unter Lesben. Mit dem Aufkommen der Transgender-Personen haben die strikten Einteilungen auch im lesbischen Sicherheitsnetz Löcher bekommen. Und schließlich: Jede, die ihre sexuelle Potenz einmal von einer anderen Frau erfahren hat, weiß wie tief die Verbundenheit unter Frauen geht. Jede, die einmal über ihren Mösenrand geschaut hat und mit Lesben in Berührung gekommen ist, wird ihren Körper und ihre L(i)ebensziele nicht mehr so sehen können wie vorher. Alle Untersuchungen über Frauen, die einmal lesbisch l(i)ebten, belegen eine Erweiterung des Hurizontes. „Lesbisches Affidamento" könnten wir das nennen oder wie die Kulturkritikerin Ann Powers die Personen beschrieb: „queer straight".

Lesben sind also doch die Besseren, die sich besser Kennenden, wie in den Siebzigern schon propagiert wurde. Sie sind die Avantgarde, die sich dank der feministischen Bewegung mit sich selbst auseinandergesetzt und auf Orgasmus komm raus sexperimentiert hat. Und diese Neugierde, dieses erkenntnisgeleitete Interesse, dieses revolutionierende Begehren ist ansteckend. Es lebe das lustvolle Lesben!

Laura Méritt, im März 2001

Das erste Mal

Keines der bekannten Meinungsforschungsinstitute hat es bisher für nötig gehalten, Lesben nach ihren liebsten Sexspielzeugen zu fragen. Dasselbe gilt für die Marktforschungsinstitute. Doch mit dem Debüt von *On Our Backs,* der „Zeitschrift für die abenteuerlustige Lesbe", kann jetzt jede von uns mit faszinierenden Statistiken und fachkundigen Übertreibungen aufwarten.

Für einige glückliche Mädchen waren improvisierte Sexspielzeuge unerläßlicher Bestandteil ihrer kindlichen Sexualität. Doktorspiele bildeten da nur die Spitze des Eisberges. Denkt nur an die kleine Felice, die jedesmal, kaum daß sie vollgeladen war, Mamas vibrierende Waschmaschine bestieg. Oder an Michèle, die einen Lackstöckel in ihr Unterhöschen steckte und bis zum Delirium im Haus herumschlenderte. Für Kinder der Sixties, wie mich selbst, gehörten Geschichten von elektrischen Zahnbürsten zum Alltag, ja waren geradezu banal.

Trotz einer solch vielversprechenden Einführung in die Welt der Sexspielzeuge gaben viele junge Frauen mit dem Eintreten der Pubertät die in ihren Augen kindischen Schätzchen und Spielchen oder – schlimmer noch – die Selbstbefriedigung an sich auf.

Für all diejenigen, die damals Pandoras Spielzeugbüchse versiegelten, ist es jetzt höchste Zeit, Erlösung zu suchen. Jaja, ich kenne die Entgegnung, die dir auf deiner müden Zunge liegt: „Aber ... ich *brauche* keinen Vibrator!" Natürlich *brauchst* du keinen Vibrator. Du *brauchst* auch keinen Spaß zu haben. Du *brauchst* keine phantastischen Empfindungen und Abenteuer. Mit ein bißchen Wasser und Siebzehnkornbrot kommst du vermutlich auch ganz gut über die Runden. Ich schlage allerdings vor, daß wir uns anstelle der reinen Überlebenstechniken mit unseren Bedürfnissen, Träumen, Trieben und insbesondere mit unseren Begierden befassen. Ein Vibrator öffnet das Tor zu einer Welt reizvoller Erfahrungen. Dasselbe gilt für den Dildo, für ein schnuckliges kleines Outfit, eine Pfauenfeder und warme Duftöle. Und als Beilage gibt's einen Analdildo. Jetzt hat jede Lesbe dank Verbraucherinnen-Information und des gesunden Triebes, sich zu vergnügen, die Chance, die Welt der Sexspielzeuge zu ergründen.

Fangen wir mit den wichtigsten Haushaltsgeräten an. Netzbetriebene Vibratoren sind aus folgenden Gründen den batteriebetriebenen Modellen vorzuziehen:

1. sie halten jahrelang
2. sie erzeugen ein starkes, angenehmes, gleichmäßiges Vibrieren und
3. sie werden von namhaften Firmen hergestellt, die sich ihren Kundinnen verpflichtet fühlen.

Batteriebetriebene Vibratoren bestechen durch delikate Formen sowie Empfindungen, die durchaus lustig sein können, aber du wirst dem kleinen Scheißding nie verzeihen, wenn es im entscheidenden Moment den Geist aufgibt. Im allgemeinen leben batteriebetriebene Vibratoren einige Monate, und nicht Jahre wie netzbetriebene, die zudem einfach mehr Saft haben. Natürlich gibt es einige bemerkenswerte Ausnahmen. Das Allerwichtigste ist, zunächst einmal die Schatzkiste zu öffnen und etwas auszuprobieren.

Ein Dildo kann eine saftige Zucchini oder eine zarte Form aus Silikon sein. Technisch ausgedrückt ist ein Dildo jedes Gerät, das dem Vergnügen vaginaler oder analer Penetration dient. Er sollte aus einem hautfreundlichen Material bestehen, das sich beim Gebrauch möglichst der Körpertemperatur angleicht. Ich machte einst eine grauenhafte Tortur mit einer Möhre durch, die direkt aus dem Kühlschrank kam. Wenn du dich schließlich mit deinem bevorzugten Modell eingelebt hast, wirst du feststellen, daß Dildos zwar die Gewandtheit deiner Finger fehlt, sie aber nimmermüde Helferinnen sind und die Spielarten der Penetration, die dir Spaß machen, gewaltig vermehren können. Vielleicht erweitern sie auch deine Phantasien-Sammlung um eine ganze Reihe neuer Fälle.

Die Fakten über Dildos sind bei weitem nicht so heftig umstritten wie ihre berühmte Ähnlichkeit mit dem berüchtigten „Penis" und all dem, was dieser verkörpert. Die politische, gesellschaftliche und emotionale Bedeutung des Dildos hält manch eine unglückliche Lesbe im Schwitzkasten. Einmal schrieb mir ein leidendes Lesbenpaar aus Palo Alto, ihr Sexleben sei befriedigend – mit einer winzigen Ausnahme:

*„Wir scheinen an einer Art Kater aus unserer Hetero-Vergangenheit zu leiden. Wir beide wollen neben klitoraler Stimulierung auch was in unseren Vaginas spüren. So sehr wir auch versuchen, es uns aus dem Kopf zu schlagen, immer wieder kommt das Thema zwischen uns auf. Könntest Du uns ein paar Informationen über Dildos schicken? Aber bitte **sehr diskret**."*

Meine Damen, die diskrete, vollständige und definitive Information über Dildos ist folgende: Penetration ist so heterosexuell wie Küssen. Jetzt kommt die Wahrheit endlich ans Licht! Ficken hat kein Geschlecht.

Und nicht nur das – Penisse können auch nur insofern mit Dildos verglichen werden, als sie Raum beanspruchen. Abgesehen davon, daß Dildos die verschiedensten Formen haben können und sich anders anfühlen, liegt der auffallendste Unterschied in ihrer Dienstbarkeit. Der Dildo kennt kein anderes Verlangen als das deinige oder das deiner Partnerin. Im Umkleideraum von *Good Vibrations* probieren viel zu viele Lesben Dildo und Harnisch an und erwarten, daß das Ding sich selbständig macht. So eine Phantasie mag anfangs aufregend sein, aber tatsächlich ist es befriedigender, sich die Zeit für Sexperimente und vergnügliche Irrtümer zu nehmen, um herauszufinden, wie du deinen Dildo handhaben mußt, um größtmöglichen Genuß zu gewinnen.

Bald wirst du dich inmitten einer Schar von Gummischätzchen wiederfinden und gezwungen sein, ihnen Kosenamen zu geben: „Wo ist Jo?", „Ist Bumm-Bumm schon abgespült?" und schließlich: „Wie konntest du Emilie nur verleihen?"

G-Spot-Zipperlein

Liebe Susie Sexpert,

ich habe schon überall gesucht, *aber ich kann meinen G-Spot einfach nicht finden. Ich würde ja gar nicht glauben, daß das doofe Ding existiert, wenn meine Freundin beim Sex nicht jedesmal deswegen abgehen würde. Sie will in der Gegend immer ganz doll gefickt werden, und wenn sie kommt, spritzt sie wie ein Hydrant. Das sieht so lustig aus. Warum kann ich meinen nicht finden?*

Mies drauf in Miami

Liebe Missy,

Deine Freundin muß wohl eine von den Frauen sein, die das Forschungsteam in Beverly Whipples Buch *The G-Spot* erwähnt, jenem kleinen Taschenbuch, das so viel Aufregung verursacht hat. Mitten in ihrem Text dankt die Autorin nämlich einer Gruppe von Lesben aus Miami, die den neugierigen SexualforscherInnen ihre G-Spot-Erfahrungen mitteilten. Während *The G-Spot* denjenigen Frauen Gewißheit und Erleuchtung brachte, die bei vaginaler Penetration zum Orgasmus kommen, löste er bei anderen Frauen Skepsis und Besorgnis aus, wo denn nun dieser magische Knopf sei und wie er funktioniere.

Halbwegs genau gesagt, ist der G-Spot oder Gräfenberg-Punkt (den ein Herr Gräfenberg als erster Mann entdeckt haben will) tatsächlich ein schwammartiges Gebilde, ein bohnengroßes Ding, das sich bei sexueller Erregung mit Blut füllt. Es schützt außerdem die Harnröhre vor allzuviel Druck. Dieser „Punkt" befindet sich einige Zentimeter oberhalb des sogenannten Schambeins direkt vor Deiner Gebärmutter. Eine hervorragende graphische Darstellung der ganzen Geschichte findest Du in *Frauenkörper – Neu gesehen,* illustriert von Suzann Gage. Das ist überhaupt das beste Selbsthilfe-Handbuch, das nach *Unser Körper, unser Leben* erschienen ist. *Frauenkörper – Neu gesehen* bietet eine umfassendere Sichtweise des G-Spots. Es nennt ihn „Harnröhrenschwellgewebe" und beschreibt ihn als Teil der Klitoris. Das heißt, die Klitoris ist nicht nur eine kleine „Perle", die aus ihrer „Kapuze" guckt, sondern vielmehr eine ganze sexuell erregbare Zone, die sich innerlich an der Scheidenwand entlangzieht und die Harnröhre sowie einen Teil der Blase umgibt: ein Schwellsystem aus Haut, Muskeln, Nerven und Blutgefäßen.

Obwohl die Klitoris jeder Frau auf sexuelle Erregung reagiert, will doch jede Frau anders gekitzelt werden. Einige Frauen mögen an der Klitorisspitze stimuliert werden, andere wollen ihren G-Spot ordentlich massiert haben, und wieder andere wollen die flache Seite der Zunge an der Innenseite der linken kleinen Lippe spüren. Unsere Mösen sind ausgesprochene Individualistinnen. Klar hast Du einen G-Spot, aber vielleicht läßt er Dich einfach kalt.

Trotzdem, sagst Du, hast Du das Gefühl, um Dein Vergnügen zu kommen. Und wieder einmal gilt das altbekannte Sex-Motto: „Übung macht Orgasmus!"

Versuch, mit einem Vibrator oder einem Dildo Deinen G-Spot zu erreichen, wenn Du allein bist. Denk dran, er liegt nicht sehr hoch, aber es ist schwirig, ihn mit den Fingern zu erreichen, außer Du hast sehr lange Finger und eine sehr kurze Vagina. Wenn Du eine Partnerin hast, bitte sie, die Finger reinzuschieben, während Du auf dem Bauch liegst. Drücke, reibe und tätschele diese schwammartige Stelle an Deiner vorderen Scheidenwand. Fühlt es sich an, als ob Du aufs Klo müßtest? Wunderbar! Weiter so – nicht aufhören! Merkst Du, wie der Schwamm immer härter und größer wird? Stell Dir vor, Du willst das Zimmer mit Deinem Orgasmus überfluten. Viele Frauen trauen sich über dieses Stadium nicht hinaus, weil sie nicht ins Bett machen oder der Familie keine Schande bereiten wollen. Zu schade! Jetzt oder nie wirst Du ihn haben: Deinen persönlichen, verdienten, endlich-doch-noch-G-Spot-Orgasmus!

Manche Frauen kommen auf diese Weise, ohne zu spritzen. Andere sagen, sie seien zu beschäftigt mit ihrem prima Klitkitzel oder Arschfick, um sich mit irgendwelchen G-Spot-Verrenkungen abzugeben. Den Frauen aber, die ejakulieren, während sie kommen, sei versichert, daß diese Flüssigkeit kein Urin ist, sondern von der Zusammensetzung eher einem samenlosen Sperma ähnelt.

Die gelehrte Absicht des G-Spot-Buches lag darin, zu beweisen, daß Frauen und Männer sexualbiologisch betrachtet ähnlicher sind, als unsere Kultur vermittelt, und ich stimme dem zu. Der G-Spot bzw. das Harnröhrenschwellgewebe entspricht der männlichen Prostata, eine Zone, die bei Männern zum Orgasmus stimuliert werden kann, und zwar eher durch den After als durch den Schwanz.

Ist Sex nicht faszinierend? Ich hoffe nur, daß Miss Miami ihre sexuelle Nische findet, wo auch immer die sein mag.

Machen Vibratoren süchtig?

Liebe Susie Sexpert,

Ich habe Angst, *daß ich nie mehr damit aufhören und wieder auf natürliche Weise kommen kann, wenn ich erst einmal anfange, einen Vibrator zu benutzen. Ich kenne eine Frau, die kriegt nur noch mit ihrem Zauberstab einen Orgasmus, und ich möchte nicht so enden wie sie.*

Rastlose Rita

Liebe Rusty,

anders als Koksen oder Fingernägel kauen macht die Benutzung eines Vibrators weder körperlich abhängig, noch ist es eine nervöse Angewohnheit. Wir leben in einer suchtanfälligen Kultur, und oft erscheint etwas kaum der Mühe wert, wenn Du jederzeit davon lassen kannst. Doch ich glaube, Du wirst das Vibrieren als ein befreiendes Erlebnis empfinden.

Die meisten Menschen neigen dazu, sich ein bestimmtes Muster sexuellen Ausdrucks anzueignen und sich daran festzuklammern wie eine Klette, wenn sie erst einmal herausgefunden haben, daß es ihnen zuverlässig Orgasmen beschert.

Meine Wenigkeit zum Beispiel hat von acht bis achtzehn immer in genau derselben Position masturbiert: auf dem Bauch, die Hand unter einen völlig steifen Körper gezwängt, wobei sich ein unternehmungslustiger Finger über die Spitze meiner Klit bewegte. Diese Position war gar nicht so schlecht für ein kleines

Mädchen, aber als ich größer wurde, brach mir diese Praktik fast den Arm und bereitete mir eine Menge Gram. Ich wußte nicht, wie ich sonst einen Orgasmus bekommen sollte, und meine Versuche mit anderen Methoden waren ein kompletter Reinfall.

Mein erstes Erlebnis mit einem Vibrator hingegen brachte mir ein gewaltiges Erwachen. Seine Intensität bescherte mir an ungeahnten Stellen eine nie zuvor verspürte Vielfalt an Empfindungen. Vibratoren sprengten mein „Sex-Muster", und nachdem dieser Anfang gemacht war, eröffneten sich mir alle möglichen raffinierten und unerhörten Spielarten. Zahllose Frauen können ein ähnliches Loblied singen. Ja, Vibratoren *werden* Dich oft schneller zum Orgasmus bringen als andere Methoden. Letztendlich wird aber eine heiße Phantasie jeden lahmen Vibrator um Längen schlagen. Doch das Tollste ist, daß Du das Beste aus beiden Welten kombinieren kannst!

Frauen, die das Gefühl haben, mit ihrem Vibrator oder einer anderen Sexpraktik in den immer gleichen Trott verfallen zu sein und dies als schlechte Angewohnheit betrachten, können die *Start-Stop-Methode* ausprobieren. Fang an, Deinen Vibrator wie gewöhnlich zu benutzen, doch wenn Du Dich jenem Gipfel näherst, schalte ihn aus und mach mit Deiner Hand oder mit Deiner Partnerin weiter. Wechsele zwischen den verschiedenen Methoden ab, und laß Deine Erregung spielerisch von einem Reiz zum anderen wandern. Du wirst merken, daß es außerordentlich lustvoll sein, ja Dich zum Wahnsinn treiben kann, wenn Du Deinen Orgasmus durch die Start-Stop-Methode hinauszögerst.

Ein Vorschlag, wenn Du Deinen Vibrator beiseitelegen willst, ist, etwas Erotisches zu lesen oder anzugucken, während Du mit Dir selbst spielst. Ich habe mir gerade eine Platte mit dem Titel *Talk dirty to me* von Pornostar Sharon Mitchell besorgt. Sie könnte für akustische Sexperimente optimal sein.

Glaub mir, es gibt in diesem unserem Lande Vibratorliebhaberinnen, die ohne ihr Spielzeug noch nie gekommen wären. Es wäre schon sehr dreist, deren Zufriedenheit als Abhängigkeit oder als etwas Widernatürliches anzuprangern. Was tatsächlich wie eine Krankheit in unserer kleinen Welt grassiert, sind sexuelle Hemmungen und ein Mangel an sinnlichen Empfindungen. Es ist sowohl eine Susie-Sexpert-Weisheit wie auch eine wissenschaftliche Tatsache, daß mehr Orgasmen zu noch mehr Orgasmen führen, und genau das ist es, was das Herumsurren zu einer sittlich wertvollen Tätigkeit macht.

Pack´s ein – ich nehm´s!

Liebe Susie Sexpert,

bis vor kurzem hielt ich mich für eine ganz normale Butch. *Ich stehe auf 501-Jeans, Leder, leichten S/M und hübsche Frauen. Aber jetzt habe ich plötzlich einen Fetisch für mich entdeckt, der mich sehr beunruhigt. Eines Tages steckte ich aus reiner Neugier meinen Dildo in die 501 und trug ihn zu Hause spazieren. Die durch diesen Kunstgriff entstandene Wölbung turnte mich total an. Ich fand es super, so auszusehen, und es fühlte sich einfach toll an. Als ich mit meiner Hand über die gewölbte Stelle zwischen meinen Beinen strich, erlebte ich einen explosionsartigen Orgasmus.*

Meine starke Reaktion auf diese Erfahrung warf allerdings einige Fragen für mich auf: Wie baue ich dieses Verlangen in meine feministische Ideologie ein? Als Feministin mit einem Hochschulabschluß in Psychologie hatte Freud nach seiner Abhandlung über den Penisneid jede Glaubwürdigkeit für mich verloren. (Vielleicht sollte ich meine kritische Beurteilung von Freuds Theorie noch einmal überdenken?)

Bin ich die einzige, oder haben noch mehr Lesben solche Phantasien? Würde ich mich zum Objekt ernsthafter Lächerlichkeit machen, wenn ich meine Phantasie in die Öffentlichkeit tragen würde?

Bitte erzähl mir alles, was Du zu diesem Thema weißt.

Beklommene Berta

Liebe B.B.,

welch heißes kleines Vergnügen die Lektüre Deines Briefes war! Ich glaube, viele verdrossene Butches hegen Gefühle, die den Deinen ähneln. Die eigentliche Frage aber lautet: Wie kann die feministische Ideologie *Dein Begehren* integrieren? Zwar ist der Feminismus hilfreich, um Unterschiede zwischen den Geschlechtern zu erläutern, aber er hat bisher noch keine Philosophie entwickelt, die Sexualität oder Erotik erklärt.

Zu verstehen, warum Du 59 Cents verdienst, wenn ein Mann einen Dollar bekommt, kann kaum der Ausgangspunkt sein, um die Quelle Deiner Lust zu ermitteln. Die Frauenbewegung verdanken wir die Idee der sexuellen Selbstbestimmung und die Gewißheit, unsere sexuellen Vorlieben sehr wohl selbst definieren zu können. Ich glaube nicht, daß Du an Penisneid leidest. Ich glaube, Du leidest eher unter Dildoneid. Ein Dildo *ist* kein Penis. Wie oft muß ich diese schlichte Tatsache noch wiederholen? Vergleich die beiden Dinger mal – Du erkennst die Unterschiede auf einen Blick. Angefangen damit, daß der Dildo ein Sexspielzeug ist und nicht an einem Körper hängt, der bis zum Tode mit ihm leben muß. Erinnere Dich daran, daß Du gekommen bist, weil Dein Spielzeugschwanz über Deine *Klitoris* rieb.

Ist Dir bewußt, daß der Dildo eines der wenigen Dinge auf dem Sexspielplatz ist, die traditionell mit Lesben assoziiert werden? Fast alle benutzen ihn, aber Lesben haben ihm zur Berühmtheit verholfen. Es ist Dein historisches Recht, Dildos zu benutzen – es ist sozusagen Dein lesbisches Erbe. Ob Du Dich lächerlich machen wirst, wenn Du in der Öffentlichkeit damit rumläufst? Tja, kann sein, daß Du Anlaß für noch größeren Dildoneid bieten wirst. Doch Dein Vergnügen könnte Dir das wert sein. Übrigens, ich kenne da dieses nette kleine Restaurant, wo wir uns treffen könnten und ...

In Liebe, Susie Sexpert

Eine Butch ist eine Butch ist eine ...

Liebe Susie Sexpert,

bitte erklär mir *die physiologischen, sexuellen und soziologischen Aspekte des Kräftespiels, welches abläuft, wenn zwei Butches aufeinandertreffen. Ich stelle immer wieder scheußlich abstoßende Auswirkungen fest, aber auch sehr positive Ergebnisse. Was meinst Du dazu?*

New Jersey

Liebe Jersey,

meine Freundin Fanny Fatale, freimütige lesbische Stripperin und selbsternannte Butch/Femme-Expertin, flehte mich an, sie diese wichtige Frage beantworten zu lassen.

Fanny sagt: „Wenn zwei Butches aufeinandertreffen und es gut läuft, sagen ihre maskulinen Psychen: ‚Du gleichst mir. Das turnt mich an (sexueller Aspekt). Laß uns weitermachen (gesellschaftlicher Aspekt)!'

Ein andermal treffen sich zwei Butches, und beide drehen sich nach einer Femme um. Ich habe meine Lektion auf die harte Tour gelernt: Butch ist nicht gleich Butch. Nicht alle stehen auf Femmes. Und selbst wenn es so ist, gehen sie im Bett nicht unbedingt in die Offensive (tatsächlich tun das nur die wenigsten).

Das mag Dir zunächst kompliziert erscheinen und Dich verwirren, aber zu begreifen, daß Beziehungen zwischen zwei Butches oder zwei Femmes ebenso verbreitet sind wie zwischen einer Butch und einer Femme, verhilft auf lange Sicht zu glücklicheren Verhältnissen.

Was könnte eine Butch zur anderen sagen, wenn sie schmutzige Gedanken austauschen? „Ich lutsch dir deinen Schwanz, wenn du meinen lutschst." oder „Ich weiß, daß du im Grunde eine Fotze bist, die genommen werden will, also bück dich!"

Und noch ein Gedanke von mir, der Deine Gehirnwindungen in Schwingungen versetzen wird: Es gibt Butches, die feminine Klamotten anziehen, weil es sie anturnt. Wer ist nun eigentlich „in drag"? Eine Butch in femininem oder eine in maskulinem Outfit? Wie werden wir im zukünftigen Zeitalter der sexuellen Aufklärung Travestie definieren?

Und noch ein weiterer Gedanke: Die Hälfte der Lesben, die in der Sexindustrie als Tänzerinnen oder Huren arbeiten, sind butch. Butches in femininer Verkleidung. Für das geübte Auge einer Femme ist das so offensichtlich wie der Kaiserin neue Kleider.

Alles im Arsch

Ich möchte mich dem Thema Analsex widmen. Wenn sich damals bei *Good Vibrations* eine Kundin wand, ohne ein Wort rauszukriegen, hatte das in der Regel etwas mit ihrem Arsch zu tun.

Inzwischen hat buchstäblich eine Revolution bezüglich der Offenheit im Umgang mit dem Thema Analsex stattgefunden. Menschen vertreten ihre Lebensanschauung freimütig auf Autoaufklebern: „Ich würde jetzt lieber Arschficken!" Leute gibt's ...

In erster Linie haben alle einige Fragen: Muß es weh tun? Was ist, wenn ich irgend etwas verletze? Ist es wahr, daß sich Leute schon in der Notaufnahme diverse Gegenstände rausholen lassen mußten?

Warum reden Lesben kaum über Analsex? Wir wissen, er „schickt" sich nicht, und er beschwört überdimensionale Ängste in bezug auf Reinlichkeit und Krankheit herauf. Keine, egal ob lesbisch oder hetera, bekommt irgendwelche Informationen über Analsex geboten, obwohl er ebenso orgasmusträchtig und erfüllend sein kann wie jede andere Art von Sex.

Ich habe schon etliche ausgezeichnete Artikel über Analsex in lesbischen Sexmagazinen gelesen, aber sie alle zielten mehr auf das ellbogentiefe Fisten ab, statt auf die eher gewöhnlichen Bedürfnisse von Lieschen Müller einzugehen, die versucht, mit ihrem kleinen Finger die letzte Hürde zu überwinden.

Im Grunde ist es recht einfach. Das Wichtigste ist, daß dein Arsch durch Entspannung und Erregung empfangsbereit wird und sich für das Eindringen öffnet. Er kann nicht aufgedrückt werden wie deine Möse, die sich, wenn wir ehrlich sind, doch ganz schön herumschubsen läßt. Nein, dein Arsch muß schon den ersten Schritt tun.

Anales Vorspiel – das ist manchmal der beste Teil – heißt, daß du mit der Ritze zwischen den Pobacken und den empfindlichen Fältchen rund um dein Arschloch spielst. Jetzt ist es angesagt, im Gleitmittel zu planschen.

Sei großzügig, es empfiehlt sich, Unmengen von Gleitmittel zu benutzen. Dein Arschloch und dein Darm produzieren keine Feuchtigkeit, außer dem Schweiß der Erwartung. Zu viel Gleitmittel gibt es nicht.

Wenn du ins Arschloch vordringst, ist es an der Zeit, ein paar Worte zu verlieren. (Wer sich selbst befriedigt, kann diesen Schritt bequemerweise überspringen.) Laß dich von dem alten Analsex-Motto „Lubrikation und Kommunikation", zu deutsch: „Glitschen und Quatschen" leiten. Kläre mit deiner Partnerin, wie es sich anfühlt und was als nächstes läuft.

Vielleicht möchtest du, daß deine Geliebte ihren Zeigefinger ein winziges bißchen reinsteckt, ihn dann eine Weile absolut stillhält, bis dein Arsch vollkommen entspannt ist. Dann möchtest du vielleicht, daß sie ihre Taktik ändert und härter in dich stößt. Vielleicht soll sie, kurz bevor du kommst, langsam einen zweiten Finger riskieren. Du siehst, bei den vielen möglichen Variationen und Vorlieben führt kein Weg drumrum, mit deiner Partnerin zu reden. Keine Geliebte ist imstande, dir von den Augen abzulesen, welche Fingerübung du dir für deinen Arsch wünschst.

Die köstlichen Empfindungen, die du durch anale Penetration erleben kannst, hängen mit dem Völlegefühl und mit dem Druck auf das „Dammschwellgewebe", den inneren Teil deiner Klitoris zusammen. Deine Klit kann dabei steinhart werden, vor allem wenn noch woanders Hände im Spiel sind.

Finger oder Gegenstände, die in den Anus eingeführt werden, sollten ganz glatt sein und keine Spitzen oder Kanten haben. Es spielt keine Rolle, wie groß sie sind, sondern nur, daß sie dein Gewebe nicht verletzen. Ein kleiner Riß in deinem After oder Darm könnte sich durch vorbeikommende Scheiße infizieren. Das nächste Mal, wenn du gut manikürte Hände siehst, weißt du, wo sie gewesen sind.

Wenn du einen Dildo benutzt, achte darauf, daß er einen breiten Sockel hat, der ihn daran hindert, ganz im Darm zu verschwinden.

Auf diese Weise verlieren Leute gelegentlich Sachen in ihrem Arsch: Eine Frau kommt in den Vibratorladen und kauft einen winzigen schlanken Vibrator ohne Sockel am Ende. Sie glaubt, es sei schon ein Riesenproblem, bloß die Spitze dieses Spielzeugs in ihren Arsch zu schieben. Doch welch eine Überraschung! Sie entspannt sich in ihrer Ekstase dermaßen, daß sie aus Versehen den ganzen Vibrator hineinschiebt und das erst merkt, nachdem sie gekommen ist. Sie könnte sich einfach hinhocken und ihn rauspressen, aber die Peinlichkeit der Situation läßt sie in Panik geraten. Nächste Szene: Krankenhaus. Mit rotem Gesicht und verklemmtem Arsch. Der Arzt erweitert ihr den Darm und holt das Spielzeug raus. Ende der Geschichte, und ich hoffe die Moral ist klar: Benutzt entweder eure Hände oder einen Dildo mit breitem Sockel und ihr werdet nie exotische Krankenhausbesuche machen müssen.

Einige Liebhaberinnen benutzen gern diamantförmige Analdildos (mit Sockel!), die den Vorteil haben, daß du sie leicht „tragen" kannst, während du deine Hände für andere Dinge frei hast. Wenn dir hingegen stoßende Bewegungen am liebsten sind, kannst du Dildos in jeder dir genehmen Form benutzen. Du bekommst sie übrigens in jedem Sexshop. Wie gesagt, sie sind voll im Kommen. (Unter uns gesagt, immer mehr Heteras kommen mit ihrem Mann vorbei, der in den Arsch gefickt werden will, und sie sind glücklich, dem nachkommen zu können. Welch ein überwältigender Fortschritt!)

Noch ein paar Worte zur Reinlichkeit: Wenn du immer noch nicht weißt, daß du deinen Analdildo oder Finger nicht in die Möse stecken sollst, bevor er wieder sauber ist, lies lieber noch mal *Unser Körper – Unser Leben*. Wenn dich die Vorstellung von einem Klümpchen Scheiße auf deiner Pfote stört, ist es Zeit, erwachsen zu werden. Ernsthaftere Anal-Enthusiastinnen machen sich einen kleinen Einlauf, um die Scheiße rauszuspülen, aber das ist für die durchschnittliche Begegnung nicht nötig – durchschnittlich heißt, etwa bis zu drei Finger breit und zehn bis fünfzehn Zentimeter tief. Wenn du dich besonders empfindlich oder unwirtlich fühlst, solltest du die Sache umständehalber abblasen. Mit einer Portion gesundem Menschenverstand wirst du die Klippen analer Mysterien und Mythen leicht umschiffen.

Party Snacks

Wie viele von euch haben schon einmal mit Freundinnen an einer Heimvorführung von Sexspielzeugen teilgenommen? In meinem Metier nennt sich so etwas „Fuckerware-Party", aber der Öffentlichkeit wird das natürlich etwas geschmackvoller angepriesen. In der Regel richtet sich so eine Party an Frauen, die eher sterben würden, als zu riskieren, beim Betreten eines Sexshops gesehen zu werden. (So fragte mich eine Frau tatsächlich: „Und wenn mein Pastor mich sieht?" – was mir nach einer höllisch guten Phantasie klingt.)

In vielen Landstrichen mag eine Sexspielzeug-Party für eine Frau die einzige Gelegenheit darstellen, mit eigenen Augen zu sehen, was es mit Vibratoren, Dildos und G-Strings auf sich hat.

Der Erfolg einer solchen Party hängt entscheidend davon ab, wer die Präsentation der Produkte durchführt. Nichts bringt mich mehr in Rage, als von einer Party-Vertreterin zu hören, die das Wort Klitoris kaum über die Lippen bringt und die, mehr oder weniger unverhohlen, genau die Produkte verabscheut, die sie verkauft – Party-Moderatorinnen, die Angst davor haben, in puncto Sex ungeniert ins Detail zu gehen und sich hauptsächlich über Dessous auslassen und über klebriges Schokoladenzeugs, das du, falls du dich bislang fruchtlos bemüht hast, deine Partnerin zum Oralsex zu kriegen, über deinen ganzen Körper träufeln sollst.

Eine gute Party hingegen bietet Gelegenheit, erstklassige Informationen zu erhalten und spannende Diskussionen zu führen über Erregung, Feuchtwerden, Orgasmus, Selbstbefriedigung, Sex-Kommunikation, erotische Phantasien und darüber, warum sich ein Dildo besser anfühlt als der andere. Die Aufgabe der Party-Moderatorin ist es, all die Dinge auszusprechen, die aus Scham sonst keine über die Lippen bringt. Sie reicht die Spielzeuge herum, so daß die Ladies selbst einmal Hand anlegen können. Eine Party ist erst dann richtig gelungen, wenn die Damen über das „Kann mich ein Stromschlag dabei töten?"-Stadium hinaus sind und sich über wirklich erregende Sexerlebnisse austauschen.

Was, glaubt ihr, ist der Verkaufshit bei Sexspielzeug-Partys? Gleitmittel! Meine Lieben, wir sind seit Generationen einer Feuchtigkeitskrise ausgesetzt, und es ist kein Ende in Sicht. Eines der ersten Zeichen körperlicher Erregung bei Frauen ist das Feuchtwerden unserer Vagina. Viele Frauen aber fühlen sich unangenehm trocken, obwohl sie sexuell erregt sind. Warum kriegen wir manchmal partout keine „Feuchte"?

Eine ganze Reihe von Merkmalen unseres modernen Lebensstils können dazu führen, daß du auf dem trockenen sitzt, obwohl du erregt bist. Viele Medikamente, zum Beispiel Pillen für die Nebenhöhlen (gegen Schnupfen), trocknen deine Vagina automatisch aus. Die beliebtesten Freizeitdrogen, Alkohol und Marihuana, haben fatale Auswirkungen auf deine Feuchtigkeit. Dies ist eine böse Überraschung für diejenigen, die glauben, Drogen machten sie geiler denn je auf Sex. Diätkuren, gynäkologische Eingriffe, die Menopause und der Joker unter den schlechten Karten, Streß, können dein Sexleben jeglicher Saftigkeit berauben. Doch Sex ohne Nässe ist schlicht ungenießbar, und zwar nicht nur bei Penetration, sondern auch bei jeglicher äußerlichen Klit-Zuwendung.

Glücklicherweise mußt du deine Lebensgewohnheiten nicht völlig auf den Kopf stellen, um schlüpfriger zu werden. Wenn du erregt und wild auf Sex bist, fügst du einfach einen glibberigen Klecks hinzu – und presto! Schon bist du gut geölt und startbereit.

Viele Frauen leiden unter der Angst, nicht feucht genug zu sein, und fragen sich: „Was ist denn jetzt schon wieder mit mir los?" oder fürchten, daß ihre Geliebte beleidigt sein könnte, weil sie ihnen offenbar nicht sexy genug ist, um sie „naßzumachen". Vergiß bitte diese Lampenfieber-Tyrannei und kram die passende Soße raus. Deine Geliebte wird erleichtert sein, daß das Thema aus der schuldbesetzten Zone geholt wird. Jede, die darauf besteht, daß dein Höschen feucht wird, wenn sie nur den Raum betritt, ist einfach schlecht informiert und deine kostbare Zeit nicht wert.

Für ein gutes Gleitmittel brauchst du nicht viel auszugeben. Notfalls taugt jedes Pflanzenöl aus deiner Küche als sicheres und gut schmierendes Gleitmittel. Kokosfett ist besonders nett, weil es in fester Form verkauft wird und erst unter Wärmeeinfluß luxuriös schmilzt. Was du über *Crisco* gehört hast, ist wahr, das berühmte „rein pflanzlich" zeichnet es als vorzügliches Gleitmittel aus. Das gilt nicht für tierische Öle und Mineralöle. Diese bringen dich zwar nicht um, stehen aber im Verdacht, krankhafte Veränderungen der Schleimhäute zu fördern, und sind daher nicht anzuraten. Tierische und mineralische Öle umfassen Babyöl sowie alle Arten von Lotion für Hände und Gesicht. Halte sie von deiner Pussy fern. Das Schlimmste aber ist Vaseline. Viele Leute halten Vaseline für ein geeignetes Gleitmittel, weil sie so oft in Billigpornos erwähnt wird. Erinnerst du dich, daß dir als Kind erzählt wurde, du solltest den Kaugummi nicht runterschlucken, weil es sieben Jahre dauern würde, bis er verdaut sei? Nun, dieselbe Horrorgeschichte gilt für Vaseline in deiner Vagina. Das Zeug ist nicht wasserlöslich. Wasserlöslich heißt, daß ein Produkt auswaschbar und leicht in Wasser lösbar ist. Die meisten Öle sind wasserlöslich, Vaseline ist es nicht. Wenn du etwas nicht in warmem Spülwasser von deinem Geschirr abwaschen kannst, kriegst du es auch nicht aus deiner Möse.

Es gibt inzwischen unzählige Sorten fettfreier Gleitmittel. Während Gummi-Sexspielzeuge (sowie Kondome, Latexhandschuhe, Dental Dams) brüchig werden und sich zersetzen, wenn du sie mit Öl benutzt, vertragen sich Gleitmittel auf Wasserbasis problemlos mit Latex. Hauptbestandteil vieler Produkte ist die mit dem Tapetenkleister verwandte Hydroxyethylcellulose, hinzu kommen Glycerin und Konservierungsmittel. In einigen Fällen sind dies Naturprodukte wie Grapefruitkernextrakt *(Probe)*. Einige Gleitmittel sind unter Zusatz von Nonoxynol-9 erhältlich, welches neben Spermien auch die Erreger von sexuell übertragbaren Krankheiten abtötet, manche behaupten sogar, das HI-Virus. Viele Frauen (und Männer) reagieren auf die Chemikalie allerdings mit Reizungen, und einige Expertinnen empfehlen, den Nachweis abzuwarten, daß Nonoxynol-9 nicht krebserregend ist.

Spielt Oralsex eine Rolle, ist in jedem Fall ein Geschmackstest durchzuführen. Manche Gleitmittel schmecken unangenehm seifig oder nach Parfum, während andere (aufdringlich künstlichen) Fruchtgeschmack bieten. Ebenfalls Geschmackssache ist die Konsistenz des bevorzugten Produkts: So ist *KY-Jelly* eher geleeartig, während *Probe* hauptsächlich aus Wasser besteht, ellenlange Fäden zieht und wie das etwas dünnflüssigere *Astro Glide* in Anspruch nimmt, dem Vaginalsekret nachempfunden zu sein. Als Faustregel gilt: Für Analsex eignen sich dickflüssigere Gels besser. Mittels einiger während des Gebrauchs aufgebrachter Tropfen Wasser (nicht Spucke!) läßt sich jedes wasserlösliche Gleitmittel verlängern. Für den umweltbewußten Sex: *Probe* gibt den Verzicht auf Tierversuche an.

Völlig aus der Reihe tanzt *Eros*, eine patentierte Erfindung aus deutschen Landen, deren amerikanische Kopien sich *ID Millenium* und *Wet Platinum* nennen. *Eros* ist sehr sparsam im Gebrauch, da es nicht absorbiert wird und daher nur ein einmaliges Auftragen nötig ist. Basis des dünnen „Bodyglide", der sich eher wie

Massageöl anfühlt und sich dennoch mit Kondomen verträgt, ist Silikon. Somit kann *Eros* multifunktional für Massagen verwendet werden und bringt des weiteren Latexkleidung zum Glänzen. Dabei ist es geschmacks- und geruchsneutral. Zwar wird von allen drei Produkten angegeben, sie seien hypoallergen, doch stellen einige Frauen eine Unverträglichkeit fest.

Falls du nicht zur Kategorie der Unbelehrbaren gehörst, würde ich Gleitmittel jedesmal empfehlen, wenn du einen Dildo benutzt. Oft kommen Frauen in den Laden und wollen einen großen Dildo gegen einen kleineren eintauschen; sie bekennen, daß sie das Spielzeug nicht ordentlich in ihre eigene Pussy oder die ihrer Partnerin stecken können. Perlen vor die Pussys – diese unglücklichen Frauen benutzen kein Gleitmittel, und das Ergebnis ist schmerzhaft und demoralisierend. Ich schlage vor, daß du denselben Dildo noch einmal ausprobierst, dich mit deiner Partnerin vergnügst, bis eure Klits steinhart sind, etwas Gleitmittel auf den Dildo oder deine Vagina aufträgst und den Dildo hineinbugsierst. Wenn er nach einem solchen Gleitmittel-Testlauf immer noch zu groß ist, kannst du zurückkommen und dich beschweren: „Ich hab's dir doch gesagt!"

Gruppendynamik

Ich habe euch eine umfassende Abhandlung des Themas Gruppensex versprochen, und einige Freundinnen fragten mich, warum. Ihr Ratschlag: Wenn ich einen neuen Trend starten wolle, solle ich mir etwas einfacheres aussuchen.

Ich habe allerdings das seltsame Gefühl, daß die meisten von uns ohnehin Gruppensex-Veteraninnen sind, obwohl wir uns nie als solche betrachtet haben. Flaschendrehen ist Gruppensex. Doktorspiele sind definitiv ein Gruppenerlebnis, ebenso Sex im Auto auf dem Parkplatz hinter der Disco oder in der abgeschiedenen Idylle am Baggersee mit mehr als einem Paar pro Wagen. Das Coming-out ist eine Zeit, in der viele Frauen ihre ersten über die Zweisamkeit hinausgehenden Abenteuer erleben. Eine ganze Generation von Lesben hatte zuerst Sex mit einer Frau als Dritte im Bunde oder als sie auf eine Anzeige à la „Paar sucht Gleichgesinntes" antwortete. Und schließlich gibt es da noch jene verschwommene Erinnerung an damals, als du Cousine Kitty auf dem Sofa unterbringen wolltest, aber im Schlafzimmer war euch allen so wohlig, und eines führte zum anderen ...

Eine „richtige" Orgie hingegen ist in den Augen der meisten Lesben außerhalb ihres Erfahrungsbereiches angesiedelt. Falls wir Gruppensex hatten, war das für gewöhnlich eine Affäre unbewußter Art, etwas, das sich rein zufällig so ergab, gewiß niemals geplant war und hinterher mit dem Mäntelchen des Schweigens bedeckt wurde.

Es herrscht die Einstellung vor, daß eine echte Orgie entweder eine Malibu-Szenerie komplett mit Wasserbett und Patchouli-Öl erfordert (die Sixties-Orgie) oder Lederfrauen, die in Folterkeller-Schlingen hängen oder ellbogentief in Ölbottichen panschen (die moderne S/M-Version).

Ich erlebte die südkalifornische Variante des Gruppen-Rendezvous als Teenager häufig – einschließlich des einen Mals, als das Wasserbett platzte. Ich stand schon immer darauf, mit anderen Menschen sexuellen Kontakt aufzunehmen, ohne am nächsten Morgen einen Heiratsantrag zu erwarten.

Gruppensex ist ein unverbindliches Kräftespiel, bei dem du liebevoll sein kannst, ohne dich zu verlieben, und aufmerksam, ohne Konsequenzen berücksichtigen zu müssen. Er erlaubt es langjährigen Paaren, sich eine Pause voneinander zu gönnen, ohne *die Dritte* ins Spiel bringen zu müssen. Er gestattet es, innerhalb einer Inszenierung mit einer Vielfalt an Möglichkeiten zu experimentieren, die du mit einer Affäre nach der anderen vielleicht erst nach Jahren erreichen würdest.

Schließlich ist der Inbegriff einer Orgie – viele Hände berühren dich und/oder du berührst viele mit deinen Händen – eine vollkommene Erfahrung. Dich wiederholt Gruppensex auszusetzen, mag dich rasch davon überzeugen, daß er sich genauso natürlich und sinnlich anfühlt wie Sex in einer Zweierbeziehung. Zur Hölle mit der Arche Noah!

Laßt uns für einen Moment in den Fragen-Sie-Frau-Berger-Ton fallen, um darüber zu reden, welcher Vorbereitungen eine erfolgreiche Gruppensession bedarf.

Tip Nr. 1 für Gastgeberinnen: Lade mindestens doppelt so viele Leute ein, wie du gern da hättest. Um feste Zu- bzw. Absagen zu bitten ist unverzichtbarer Bestandteil der Etikette. Neben den üblichen traurigen Geschichten von Menschen, deren Auto nicht anspringt und die es deshalb leider nicht schaffen zu kommen, wirst du feststellen, daß viele Frauen in letzter Minute ausbüchsen und sich den ganzen Abend in einer Bar verstecken, nachdem sie sich vor dir gebrüstet hatten, daß sie es kaum erwarten könnten. Also: Überbuche bedenkenlos und du wirst nicht enttäuscht.

Die Hauptregeln, die für jede gute Party gelten, sind für eine Sexparty doppelt so wichtig. Das Essen muß nicht nur gut sein, sondern sich auch zum Anfassen eignen. Probier es mit kleinen Appetithäppchen, Trauben, die romantisch gepellt und in warme Orte geschoben werden können, Schlagsahne natürlich und Leckerbissen, die nicht warm sein müssen, so daß den ganzen Abend genascht werden kann. Plane genügend Getränke ein, denn deine Besucherinnen werden durstig sein.

Musik ist wichtig. Ebenso jeder erdenkliche sexy Zeitvertreib zum Aufwärmen der Gäste. Tanzen macht die Leute geil, und seit dem Aufkommen von Videorecordern ist es ein Klacks, nicht jugendfreie Heimunterhaltung bereitzustellen. Außerdem gibt es einige alberne Spiele, die du initiieren kannst und die, so lächerlich sie sein mögen, bei einer schüchtern-zaghaften Gruppe den Stein ins Rollen bringen können. Flaschendrehen kann mit raffinierten Regeln den Umständen angepaßt werden, und nacktes *Twister** galt eine Zeitlang als der Renner. Im allgemeinen ist es weniger so wichtig, sich auszuziehen, als vielmehr die Action in Gang zu bringen.

Es sollte überall im Raum Tummelplätze geben. Stelle bequeme Liegemöbel bereit, oder improvisiere Lagerstätten auf dem Boden. Jetzt ist es Zeit für diese Satinbettücher, die nie auf deinem Bett bleiben wollen, aber einen großartigen Bodenbelag für Orgien hergeben. An strategisch günstigen Stellen solltest du Gleitmittel plazieren. Und steck auf jeden Fall die Vibratoren in die Steckdose und halte sonstige Spielzeuge griffbereit.

Du solltest dich schämen, wenn du keine Vibratoren und Dildos hast, mit denen sich deine Gäste amüsieren können. Sogar

---

* Ein populäres amerikanisches Spiel: Die MitspielerInnen müssen nacheinander jeweils einen Körperteil auf ein Spielfeld (ca. 2 mal 2 Meter) mit farbigen Kreisen setzen. Wo Arm, Bein oder Bauch hin müssen, bestimmt der Würfel; dadurch kommt es zu reichlichen Verrenkungen und reizvollen Überlagerungen. (Anm. der Übers.)

schüchterne Menschen fühlen sich von derartigem Schnickschnack angezogen. Vergiß die Kondome und die Latexhandschuhe nicht. Gummis erleichtern den flexiblen Einsatz von Dildos; Handschuhe sind für die abenteuerlustige Finger- und Faustfickerin, die vermeiden möchte, daß Saft und Schnittwunden in Kontakt kommen.

Was kannst du auf einer Orgie tun? Vergiß das Stereotyp komplizierter Sexpositionen! Vergiß die Idee, daß in all deinen Öffnungen gleichzeitig herumgebohrt werden müßte! Ein rundum gutes Gruppenerlebnis könnte beispielsweise folgendes beinhalten: Zuschauen, sich selbst Befriedigen, dem Vergnügen einer anderen assistieren, es einer anderen machen, es selbst besorgt kriegen etc. Helferin oder Nebendarstellerin auf dem Sextrip einer anderen zu sein macht riesigen Spaß und kommt einer Anfängerin oft nicht in den Sinn.

Eine meiner Geliebten erinnert sich gern daran, daß sie mal ihre Freundin Rita fragte, ob sie unter ihr liegen dürfte, während Rita gepeitscht wurde. So erfuhr sie S/M-Sex, mit dem sie sonst jeglichen direkten Kontakt vermeidet, aus zweiter Hand. Oder, wie Rita sagte: „Sie hatte den besten Part." Und Rita genoß den Kontakt mit einer Frau, die sie normalerweise nicht anturnen würde.

Manchmal ist unser Freundinnenkreis so inzestuös, daß es uns komisch vorkommt, intim zu werden. Ich habe schon den Kopf meiner besten Freundin im Schoß gehalten, während sie von vier anderen gefickt wurde, obwohl es mir unangenehm gewesen wäre, das selbst mit ihr zu tun. Andererseits habe ich bei einer Sexparty die Geliebte meiner besten Freundin gefickt, für die ich eine Menge Zuneigung empfand, mit der ich es aber ohne diese Party nie getrieben hätte.

Meine Probleme beim Gruppensex klingen den meisten von euch, die es schon einmal probiert haben, zweifellos vertraut:

1. Schüchternheit, oder: Wie fängst du an?
2. darauf bestehen, daß du kriegst, was du willst
3. deine Hemmungen abbauen und
4. für die festen Pärchen unter den Gästen: das giftgeifernde Monster Eifersucht.

Was ist, wenn du unter der Wahnvorstellung leidest, die Orgien-Jungfrau zu sein, die am Ende irgendwie von vierzig Lederfrauen mit faustdicken Schwänzen vergewaltigt wird, nur weil sie zugriff, als eine das Gleitgel an sie weiterreichte? Sagtest du gerade: „Unsere größten Ängste sind unsere geheimsten Phantasien?" Ja, schon, aber manchmal müssen wir uns langsam an die Dinge herantasten. Ich schlage vor, daß die Novizin eine Köstlichkeit nach der anderen probiert, statt weiß der Himmel was zu beweisen, indem sie das ganze Buffet auf einmal zu vernaschen versucht.

Such dir eine Kleinigkeit aus, die dich reizt, wie zum Beispiel zuzugucken, wenn Diana ihren Arsch geleckt kriegt, oder zu einem Pornovideo zu vibrieren, während Lisa an deinen Zehen saugt ...

Frag, ob du mitmachen darfst. Wenn dich eine auffordert, dich auf ihr Gesicht zu setzen, dich diese Spielart oder die Frau aber nicht anmacht, überleg, ob du ihr in einem anderen Arrangement näherkommen könntest. Lächle, schüttele den Kopf und biete etwas anderes an: zuzugucken, den Vibrator zu halten etc. Du brauchst eine kooperative Grundeinstellung. Sei bereit, mitzuspielen und vielleicht über einen kleinen Schatten zu springen, ohne dich jedoch verpflichtet zu fühlen, zu allem ja zu sagen, was dir angeboten wird.

Loszulassen fällt der Exhibitionistin am leichtesten, und du wirst früh genug herausfinden, ob du zu dieser Kategorie zählst. Ich habe auf Gruppensexpartys schon den größten Spaß gehabt, ohne auch nur einmal zu kommen. Die Gastgeberin spielt in der Regel die Rolle der Großen Voyeuse, obwohl manch außergewöhnliche Gastgeberin auch schon mal in die Bresche springt und vormacht, wie es gehen kann. Mein Rat: Zerbrich dir nicht den Kopf darüber, ob und wie du dich entspannen kannst. Konzentriere dich darauf, geil zu werden, und der Rest geschieht von selbst.

Schließlich zum allgegenwärtigen Stolperstein für viele Paare: Eifersucht. Die Zeit, um sich mit Schuldgefühlen zu befassen, ist vor und nach der Party, nicht währenddessen. Diskutiert zuerst, wie jede von euch eine Gruppenparty am meisten genießen würde. Wollt ihr euch beide gleichermaßen auf dieses neue Experiment einlassen? Gefahr droht, wenn eine Partnerin weniger willig ist und nur mitgeht, um der anderen eine Freude zu bereiten. Mögliche Lösungen wären, allein zu gehen, zusammen mit dem Versprechen hinzugehen, daß ihr nur zuguckt oder daß die zögernde Partnerin eine Sexaktivität oder Sexpartnerin für die andere aussuchen darf.

Entscheidet, ob ihr euch trennen und überhaupt nichts miteinander zu tun haben wollt oder ob ihr beabsichtigt, zusammenzubleiben und als Paar andere ansprechen wollt. Es ist wichtig, die Regeln und Grenzen zu diskutieren, bevor ihr aufbrecht, und daß keine die andere auf der Party nötigt, etwas zu tun, was vorher nicht vereinbart wurde. Wenn etwas aufkommt, das du gern tun würdest, besprich es mit deiner Partnerin und spar es dir für das nächste Mal auf.

Wenn du befürchtest, trotz bester Vorsätze vor Eifersucht auszurasten, überzeuge dich davon, daß du das Taxigeld für den Heimweg hast und mach einen diskreten Abgang. Sex-Partys sind keine Selbsterfahrungsgruppen, mach da keinen Fehler. Das beste, was du für deine Beziehung tun kannst, ist, einen besonderen Brunch oder einen gemütlichen Spaziergang für den nächsten Tag zu planen, wobei ihr eure Gefühle und alles, was passiert ist, diskutieren könnt. Und denk dran, manchmal ist die beste Art, Besitzansprüche oder Schuldgefühle zu lindern, unglaublich heißer Sex miteinander am Tag danach.

Bist du jetzt bereit, Einladungen zu verschicken? Darf ich meine aufblasbare Puppe mitbringen? Ich garantiere dir eine Zusage.

Gurken und andere Südfrüchte

Ma Chère, gerade komme ich vom French Quarter in New Orleans zurück, und die komischsten Dinge ergeben plötzlich einen Sinn. Ich konnte an diesem einen Wochenende nur ein winziges bißchen New Orleans kosten, aber diese Kostprobe war eine der süßesten.

Offiziell war ich für das Treffen der Amerikanischen BuchhändlerInnen-Vereinigung (ABA) nach Louisiana gefahren, bei dem all die kleinen Buchläden aus der Nachbarschaft sich mit sämtlichen VerlegerInnen treffen. Ich arbeitete für den Verlag *Down There Press*, der ganz eindeutig den besten Button der Messe hatte: *"Ein ganzes Buch worüber??? – Analvergnügen und Gesundheit"*.

Das inoffizielle Thema des diesjährigen Treffens hieß Zensur. Es haute mich um, von ein und derselben Buchhandlung Horrorgeschichten über *Penthouse*, Astrologiebücher und *On Our Backs* zu hören. Der Besitzer dieser fortschrittlichen Buchhandlung fand, als er eines Morgens öffnete, die Schaufenster mit folgendem Slogan besprüht: *"Dieser Laden fördert Gewalt gegen Frauen!"* Am späteren Nachmittag drohte eine fuchsteufelswilde Mutter den Laden zu verklagen, weil er "meinen Sohn zu einem Homosexuellen gemacht hat!" Anschließend trat eine Gruppe von Besorgten Bürgern auf, die zunächst lauthals forderten, den *Playboy* aus den Regalen zu entfernen. Doch als sie nachdrücklich um eine Begründung ihrer Forderung gebeten wurden, stellte sich schnell heraus, daß sie auch alle Bücher über Astrologie, Tarot und östliche Religionen verbannt haben wollten. Der Buchhändler brachte zu seiner Verteidigung vor, sein Sortiment umfasse ein breites Spektrum an spiritueller Literatur, einschließlich verschiedener Ausgaben der Bibel.

Die Besorgten Bürger ließen sich nicht beeindrucken. Sie zitierten: „Es gibt nur eine Bibel!"

Und um dem Ganzen die Krone aufzusetzen, drohte eine örtliche feministische Schriftstellerin, die später eine Lesung halten sollte, sie würde nicht teilnehmen, falls *On Our Backs* und andere explizit sexuelle Literatur nicht aus den Regalen verschwände. Hey – ich wette, die hat auch nur *eine* Bibel!

Meine Damen, ich wußte nicht, ob ich mich übergeben oder Kinnhaken austeilen sollte. Teilt allen ZensorInnen mit, daß ich ihre Bemühungen für totalitäre Schweinereien und ihre Furcht vor unverhüllter Sexualität für eine dünne Tünche über ihrer Ignoranz und ihrer scheinheiligen Moral halte.

Im Gegensatz zu diesem Aufruhr bei der Tagung empfand ich New Orleans selbst als luxuriöses Bad in Erotik. Die dortige Gesellschaft hat keine Arbeitsmoral, sondern eine Vergnügungsmoral. Das schwullesbische Leben ist ein perfektes Beispiel dafür, obwohl viele Frauen sich über das bedrückende Klima und den Rassismus beklagen (Göttin, wir in Kalifornien kennen so was nicht, stimmt's?). Ich hörte: „Ich bin die einzige Lederlesbe der Stadt." und „Tja, so sind die Südstaaten nun mal ..." Das schwullesbische Ghetto blüht und gedeiht, bleibt aber vorwiegend unter sich, und diejenigen, die offen schwullesbisch leben, tun das, weil sie das Quarter nie verlassen.

Die schillernde Kehrseite dieses Phänomens ist, daß du das Gefühl hast, eine verzauberte Stadt innerhalb der Stadt zu betreten. Einmal im Jahr siegt der Zauber, und die Lesben und Schwulen geben den Ton an. Mardi Gras ist der höchste Feiertag des „Genderfuck", der Geschlechterrollenspiele. Während der restlichen Zeit des Jahres macht die Szene Pläne für Mardi Gras oder schafft es zumindest nie, vom Karussell der Partys, Picknicks und besonderen Ereignisse abzuspringen. Ich kann mir einfach nicht vorstellen, wie hier irgendwelche Arbeit geschafft wird. Hier die Bars, dort die Homokirchen, und dazwischen pendelt das Leben der schwullesbischen Szene. Die Bemerkung einer Frau, daß hier die BarkeeperInnen als Vorbilder und WortführerInnen der Homoszene fungieren, brachte mich ganz schön zum Lachen, aber ich bin sicher, es stimmt.

Charlene's ist eine der ältesten und bekanntesten Vergnügungsstätten der Stadt, und Charlene, die Besitzerin, entpuppte sich als eine echte Perle, als sie einen Eimer eisgekühlten Champagners zur Eröffnung des schwullesbischen Buchladens brachte, zu der zwei Autorinnen von *Naiad Press* und ich geladen waren.

Meine Lieblingsperson in New Orleans (ich hoffe, ich kriege keinen Ärger, wenn ich das sage) ist Brenda Laura, die kürzlich die alte *Pinos Bar* übernommen hat. Ich lernte sie an dem Abend kennen, als sie in ihrer Bar die schwullesbische ABA-Party veranstaltete. Sie trug ein rotes Seidenkleid, rote mit kleinen Edelsteinen besetzte Samtpumps und den außergewöhnlichsten Goldanhänger, den ich je gesehen habe. Er stellte eine kleine nackte Frau auf einer Schaukel dar, und an der Stelle, wo sich ihre Klit befunden hätte, funkelte ein Diamant. Natürlich mußte ich sie sofort auf dieses kleine Ding ansprechen. Brenda fragte mich, ob ich schon die Bourbon Street entlanggegangen sei, die Straße der Bars und Strip-Shows. Von der burlesken Fassade eines solchen Strip-Show-Hauses schwinge dir ein Paar nackter Frauenbeine aus Pappmaché entgegen, dazwischen ein Baldachin, hinter dem Lachen und Gläserklingen ertönt. Diese Venus auf der Schaukel lieferte die Anregung für Ms Lauras Anhänger. (Muß ich noch mehr sagen?)

Die beste Bar, die ich besuchte, war der *Country Club*, eine große alte, von Weinranken und Blüten überwucherte Südstaaten-Villa mit einer Hollywood-Schaukel auf der Terrasse. Zwei der Räume waren als Bars eingerichtet. In einer befand sich ein Regal mit Sexmagazinen für die Jungs, und ich steckte noch ein paar Ausgaben von *On Our Backs* dazu, nur zur Sicherheit. Die restlichen Zimmer waren zum Entspannen und Tanzen. Nach hinten hinaus erstreckte sich ein weitläufiger Garten mit einem riesigen Planschbecken, Whirlpool, Umkleidekabinen und einem Bodybuilding-Raum. Doch Vorsicht, Yankee, es war keineswegs ein Yuppie-Bad! Es war baufällig und kurios wie alle älteren Lokalitäten in New Orleans, heiß wie die Hölle und mit Kakerlaken so lang wie deine Finger. Ich genoß jede Minute.

Und ich erlebte noch ein pikantes Abenteuer, als ich das Betriebsfest von *Harlequin Romance* besuchte. Als ich dort mit den Mädels tanzte, stellte ich fest, daß eine von ihnen eine *On Our Backs*-Abonnentin aus Fort Lauderdale war. Sie hielt sich in New Orleans auf, um ein Buch mit dem Titel *101 Sache, die du mit einem Ex-Ehemann machen kannst* zu promoten. Wir sind überall, echt wahr.

Ein leitender Angestellter von *Harlequin Romance* machte sich mitten im Walzer mit der neuesten Ausgabe von *On Our Backs* in der Hand an mich heran und fragte: „Was bedeutet dieses Wort: Tri-ba-die?"

Wie gut, daß er fragte!

Ich will schon eine ganze Weile über Tribadie reden, weil so viele von euch diese antike sapphische Praktik ausüben, aber das Wort nicht kennen. Heterosexuelle Teenager haben einen Ausdruck dafür, in dem ihr Frust mitschwingt, es gar nicht „richtig" gemacht zu haben: Trockenbumsen (offiziell „Schenkelverkehr" genannt). Manche Tunten nennen es Frottage. Aber was Lesben betrifft – unsere kleinen Hügel sind doch wie geschaffen, um sie gegeneinander zu reiben, und diese Leidenschaft nennt sich Tribadie.

Viele von uns haben glühende Schilderungen der Tribadie in den großartigen alten Groschenromanen gelesen. Hier ist ein Ausschnitt aus einem meiner Lieblingsbücher, *Lesbian Hell,* von Jane Sherman (um 1960):

Betty hatte geübte Hüften. Sie stieß sie gegen mich und kreiste rhythmisch, bis ich dachte, ich würde verrückt. Ich wollte, daß sie darum bettelte. Das würde ihr besonders gut gefallen. Sie quetschte meinen Körper mit diesen überaktiven Hüften. Betty war ein gesundes Mädchen, sie drängte sich mir entgegen, als ob sie härtere Sachen liebte. „Gib's mir, Baby, gib's mir!" hauchte Betty. Wir trieben es miteinander in vollkommener Harmonie. Ich wollte ein Teil von ihr werden, wollte, daß sie ein Teil von mir würde.

Dieser lüsterne Ausschnitt enthält einige großartige Tatsachen über Tribadie. Aufeinanderzuliegen und sich in die Augen zu sehen erlaubt eine „verschmelzende" Intimität wie keine andere Stellung. Allerdings kannst du Tribadie auch auf dem Steißbein, Unterarm oder Knie deiner Geliebten praktizieren, auf jedem ihrer Körperteile, der deiner Möse einen guten Reibungswinkel gestattet.

Tribadie ist auch eine erfolgreiche Methode für gleichzeitige Orgasmen. Wie in der Beschreibung aus dem Buch deutlich wird, ist das Ganze eine Frage des Rhythmus, und ihr müßt fleißig üben, um eure Reibereien zu „vollkommener Harmonie" zu bringen. Wie viel Übung? Wenn du eine heiße Affäre hast, scheint die Zeit nur so zu verfliegen, und es ist möglich, euch innerhalb eines Monats in Einklang zu bringen.

Einige Frauen kriegen von Tribadie keinen Orgasmus, weil ihre Klit dabei nicht genügend stimuliert wird. Statt dessen wachen sie am nächsten Morgen mit einem schmerzenden und mit blauen Flecken übersäten Venushügel auf. Hier ist ein lustiger und leichter Trick: Schiebe deinen Zauberstab, also einen Vibrator zwischen dich und deine Geliebte. Kleine vibrierende Köpfe von der Form eines Tennisballs sind geradezu dafür geschaffen, zwischen lesbischen Schenkeln plaziert zu werden. Du hältst immer noch genügend Körperkontakt mit deiner Geliebten, doch es ist einfacher, einen gemeinsamen Stimulationspunkt zu finden.

Ich habe eine Theorie, warum über Tribadie so wenig gesprochen wird. Sie ist eine Ganzkörperumarmung, die sich von der einfachen Umarmung ableitet und diese in eine erotische Technik verwandelt. Tribadie kann ohne viele Worte, ohne Blicke, ohne Schmecken und ohne das Berühren von Genitalien betrieben werden, ja du mußt dich nicht einmal ausziehen. Dadurch wirkt sie auf Frauen anziehend, die sich ihres Körpers, besonders ihrer Pussy und lesbischer Sexpraktiken allgemein schämen. Tribadie neigt historisch zu Verstohlenheit, als ob es etwas wäre, das du tust, ohne eingestehen zu müssen, daß du wirklich SEX hast.

Ein letzter postfeministischer Aspekt dieser Geheimniskrämerei ist, daß einige Frauen Schuldgefühle bei der Tribadie haben, weil sie sie an die heterosexuelle Missionarsstellung erinnert und sie nervös werden, wenn es darum geht, welche oben und welche unten liegt.

Ich betone noch einmal, daß Lesben, die deswegen Schuldgefühle haben, die einzigen sind, die noch fixierter auf Penis/Vagina-Sex sind als heterosexuelle Männer. Glaub mir, egal ob du oben oder unten liegst, du wirst deinen Teil zum Rhythmus beitragen müssen, oder es klappt nicht mit der Tribadie.

Offensichtlich gibt es zahlreiche Lesben, die Tribadie als eine von vielen Sexpraktiken genießen. Sie ist nicht von Natur aus eine heimliche Praktik, die im verborgenen gedeiht. Tatsächlich ist es schwierig, die erregende Knochen-Klit-Reibung zu vermeiden, wenn du ein abwechslungsreiches Sexleben hast. Übrigens kann Tribadie zwischen S/M- und Vanillasex pendeln. Lies den Rest von *Lesbian Hell* und dir werden die Augen aufgehen.

Bleibt noch ein letzter Rat einer weißen Schlampe: Eine südliche Schwester aus Georgia schrieb mir und klagte über das dortige Verbot von Dildos und Vibratoren. (Das Monster Zensur verbreitet sich schnell, wenn wir ihm nicht den Kopf abschlagen.) Sie erzählte, daß jedes Mädel auf dem Land, die etwas auf sich hielte, ein ernstzunehmendes Gurkenbeet in ihrem Garten besäße. Nein, diese Gurken-Liebhaberinnen hegen keine ausgeprägte Vorliebe für diese komischen kleinen eingelegten Gewürzgurken. Ich spreche hier von einer echten, jahreszeitlich bedingten Dildo-Sammlung.

Merkt euch folgende Gartentips von Ellie Mae:

1. Wende niemals Pflanzenschutzmittel an.
2. Manchmal zeigt die Schale einer unreifen Gurke dieselbe Wirkung wie Giftsumach. Wenn du also auf Giftsumach allergisch reagierst, laß die Gurke auf jeden Fall reif werden, bevor du sie benutzt.
3. Sei vorsichtig mit Gurken aus dem Supermarkt! Wasch sie gut. (Ich weiche solche Gurken in Essigwasser ein.)
4. Laß die Gurke einen Tag lang draußen in der Sonne liegen, dadurch wird sie biegsam. Schäle sie erst kurz vor Gebrauch.

Danke für die Tips, Schwester. Entschuldigt mich, ich muß mich mal einlegen gehen.

Faust im Spiel

Eines der am meisten mißverstandenen Wesen der Welt ist die lesbische Faustfickerin. Ihre Sextechnik, bei der sie eine ganze Hand in die Möse ihrer Geliebten einführt, betrachten einige als körperlich unmöglich, andere als bizarr. Diejenigen von euch, die vom Vergnügen des Fäustelns noch unberührt sind, lade ich ein, die folgenden Ausführungen intensiv zu studieren. Schäme dich deiner sexuellen Unwissenheit nicht, sondern beseitige sie. Die Veteraninnen der Pussyhandhabung hingegen mögen zu ihrem Gleitmittel greifen, denn wir gehen an die Öffentlichkeit.

Das Fisten ist, wenn wir es mit irgend etwas vergleichen wollen, eine natürliche Erweiterung des Fingerficks. Eines Tages ist deine Möse hungriger als sonst und drei Finger reichen einfach nicht. Auch vier oder fünf nicht. An diesem Punkt greifen einige Liebhaberinnen wahrscheinlich zu ihrem Lieblingsdildo. Der Nachteil von Dildos jedoch ist der Mangel an direktem Körperkontakt. Wenn du deine zusammengeballte Hand in die Vagina deiner Geliebten steckst, verschafft dir das zwar keine direkte klitorale Stimulation, aber garantiert eine direkte hormonelle. Die Intimität ist unvorstellbar. Du bist ganz in deiner Geliebten drin, ihr Körper umschließt deine Faust wie ein Kokon. Du kannst jedes noch so leichte Zittern spüren, das in ihrer Möse, ihrem Arsch oder ihrem Bauch entsteht, und sie kann jede noch so winzige Bewegung deiner Finger spüren. Wenn du dein Handgelenk auch nur leicht drehst, ist das für sie, als ob die Erde in ihr bebe. Wenn du denkst, das klingt romantisch, hast du recht. Fisten ist unglaublich romantisch.

Wenn dich vaginale Penetration erregt, wirst du Fisting wahrscheinlich lieben. Wenn du hingegen dem Ficken noch nie etwas abgewinnen konntest, mag Fisten den Wendepunkt darstellen. Wenn du eine Vorliebe für berauschende Orgasmen hast, ist Fisten famos. Wenn du schon immer eine Frau in der Hand haben wolltest – bitte ...

Nachdem wir nun das Genußprinzip ausgeleuchtet haben, laßt uns einige der Mißverständnisse betrachten.

Vaginales Fisten ist eine völlig andere Geschichte als anales Fisten. Die Schleimhaut deines Afters und deines Darms ist sehr empfindlich, und obwohl die Vagina nicht unverwüstlich ist, so ist sie im Vergleich doch ein zähes Mädchen.

Die Bedenken in bezug auf Analsex drehen sich oft um die Möglichkeit, einen Schnitt oder Kratzer durch Scheiße zu infizieren, doch die Vagina stellt ein vollkommen anderes Milieu dar. Das heißt, einige der Vorsichtsmaßnahmen, die wir normalerweise für jede Art von Arschfick treffen würden, sind beim Fisten der Vagina überflüssig. Du mußt deine Fingernägel nicht schneiden oder feilen, um eine Möse zu berühren. Es versteht sich jedoch von selbst, daß du deine Krallen einziehst, egal ob du einen oder fünf Finger benutzt. Wasch deine Pfoten, wie es sich für ein anständiges Mädchen gehört, und wenn du dir über Infektionen Sorgen machst oder darüber, daß die nasse Hitze der Möse deiner Partnerin an deinen Fingern brennt, benutze ein Paar Latexhandschuhe aus der Apotheke. Sie sind dünn genug, um alles zu spüren, und schützen euch beide.

Ein weiterer Irrglaube besteht darin, daß Fisten zu den S/M-Aktivitäten zählt. Also bitte ...! Schlichtweg *alles* kann durch eine S/M-Haltung oder -Inszenierung erotisiert werden, aber dich einfach zurückzulehnen und es dir besorgen zu lassen macht dich nicht zur Masochistin oder zur „bottom". Genausowenig wirst du zur Sadistin oder zur „top", bloß weil du deine Partnerin fistest. Fisten hat mehr mit Petting unter der Gürtellinie zu tun als mit einer deftigen Auspeitschung. Wenn du während des Fistens Schmerzen verspürst, hört sofort auf! Ihr macht etwas falsch.

Bist du naß genug? Dein Feuchtigkeitsgrad läßt sich leicht durch ein gutes Gleitmittel unterstützen. Ich habe noch nie von einem guten Fisting gehört, das nicht Unmengen deines liebsten Gleitmittels einschloß. Ist dein Muttermund so empfindlich, daß er keine heftigen Stöße verträgt? Vielleicht ist der Zeitpunkt falsch. Die Empfindlichkeit deines Muttermundes ändert sich im Laufe deines Zyklus und ist abhängig vom Grad deiner Erregung.

Damit du deine Hand in sie einführen kannst, muß deine Geliebte erregt sein und nach einem Fick gieren. Wenn sie körperlich ausreichend stimuliert ist, um deine Faust zu empfangen, erweitert sich ihre Möse. Der obere Bereich schwillt wie ein Ballon, während der Eingangsbereich ihrer Vagina sich längt und durch Blutandrang in den Gefäßen anschwillt. Jetzt ist die Zeit reif.

Drücke vorsichtig einen Finger nach dem anderen hinein, bis sie alle versenkt sind. Spiel dabei weiter mit ihrer Klit oder ihren Nipples, oder berühre die Stellen, die sie geil machen. Jetzt bist du für den entscheidenden Stoß bereit, um den Widerstand gegen die breiteste Stelle deiner Hand zu überwinden und mit der ganzen Hand zu verschwinden. Für manche Frauen fühlt sich das wie ein langsames, gleichmäßiges Pressen an, für andere ist es wie ein „Plop", dem eine Art Schlucken folgt. Wenn sie einmal drin ist, rollt sich deine Hand wie von selbst zu einer Kugel, um sich dem kuscheligen, elastischen Raum anzupassen, den ihr geschaffen habt.

Einige Frauen glauben nicht, daß sie jemals eine Faust in sich ertragen könnten. Ich höre Kommentare wie „Nur Frauen mit Vaginas in Größe XL können einen Faustfick ertragen!" oder „Du mußt schon ein Kind gekriegt haben, um das tun zu können!" Pustekuchen!

Im Gegensatz zu Kleidern von der Stange werden Mösen nicht in den festen Größen S, M oder L geliefert. Die Vagina jeder Frau ist auf die Fähigkeit zugeschnitten, ein Baby zur Welt zu bringen, welches größer ist als jede Faust, die dir möglicherweise über den Weg läuft. Warum unterscheiden sich Frauen also dermaßen, wenn es darum geht, wieviel Penetration sie genießen können?

Für einige Frauen ist jedes Eindringen schmerzhaft oder sogar unmöglich. Meistens resultiert dieser sogenannte Vaginismus aus psychischen Konflikten oder Ängsten, die ein starkes unwillkürliches Anspannen der Scheidenmuskeln auslösen und das Eindringen schmerzvoll machen. Es kann bedeuten, daß sich der Körper gegen etwas wehrt, das die Frau nicht will oder fürchtet. Gegen diese Schutzreaktion hilft nichts als Entspannung oder Ausweichen auf eine andere Sexpraktik.

Deinen Muskeln beizubringen, daß sie sich entspannen sollen, ist keine leichte Aufgabe. Zuerst mußt du dich selbst davon überzeugen, daß du nicht verletzt werden wirst, und dann brauchst du einige erfreuliche Erfahrungen, um diese Einstellung zu bestätigen. Viele Frauen haben sich an eine bestimmte Dildogröße oder an eine bestimmte Anzahl von Fingern gewöhnt, könnten aber genausogut mit der ganzen Hand ihrer Geliebten vertraut werden. Die Erfahrung einer Geburt vergrößert deine Möse nicht, sondern überzeugt sie nur, daß eine solche Erweiterung möglich ist.

Auch die Frau, die das Fisten durchführt, hat oft Bedenken: „Was ist, wenn ich meine Hand nicht mehr rauskriege?" mag sie zum Beispiel fragen und sich ihre Hand im Schwitzkasten der Möse ihrer Partnerin vorstellen. Fürchte dich nicht, Kleopatra, deine Hand wird das Tageslicht wiedersehen. Der feste Griff, den du spürst, ist das Längen und Schwellen der Vagina und schafft das orgasmische Plateau, das du mit den Fingern fühlen könntest, wenn es nicht schon dein Handgelenk im Griff hätte.

Sie kann jetzt jeden Moment kommen, und wenn sie es tut, spürst du jedes Zusammenziehen, als ob es dein eigenes wäre. Danach wird sich ihre Vagina entspannen, und du kannst deine Hand mühelos herausziehen.

Eine meiner Freundinnen erlebte das einzigartige Vergnügen, zwei Frauen gleichzeitig zu fisten, mit einer Hand in jeder Pussy. Die beiden Frauen reagierten sehr unterschiedlich auf das Fisten – die eine fand es wundervoll, die andere fand es zeitweise ziemlich schmerzhaft. Was war los? Nur weil du eine Partnerin erfolgreich gefistet hast, besitzt du noch lange keine Landkarte zur Möse jeder anderen. Es ist sehr unwahrscheinlich, daß die beiden gefisteten Frauen gleichartig erregt werden und daß sich ihre Vaginas zur selben Zeit zur gleichen Größe erweitern. Stell dir vor, zwei Ballons zu exakt der gleichen Größe aufblasen zu wollen. Der einzige Weg zum doppelfäustigen Wunderweib zu werden, besteht darin, jede Hand in dem besonderen Rhythmus zu halten, der auf die jeweilige Frau abgestimmt ist. Unmöglich? Klingt, als ob es die Übung wert sein könnte.

Verbrechen wider die Natur

Vergeßt Oliver North. Vergeßt Kaufhaus-Brandanschläge, Raubüberfälle, Taschendiebstahl und kriminellen Wahnsinn. Eine neue Welle von Verbrechen, über die zu berichten nicht einmal ein regionaler Nachrichtensender den Mumm hat, grassiert im Land: Sexspielzeug-Vandalismus. Mein Telefon hat sich zu einer Art Hotline für hysterische Opfer entwickelt, deren Dildo-Harnische gemopst oder deren Gummi-Spielzeuge verstümmelt wurden.

Gestern abend erst rief eine meiner liebsten Freundinnen an und erzählte mir vom ruinierten Campingurlaub mit ihrer Geliebten, bei dem jemand in ihr Zelt eingedrungen war und ihren schwarzen Beutel voller Sexspielzeuge geklaut hatte. Wert: einhundertfünfzig Dollar – ein durchaus üblicher Preis für Vibrator, Dildo, Harnisch und Gleitmittel.

Meine Freundinnen unternahmen beherzt das einzig Richtige – voller Entrüstung zeigten sie den Verlust sofort beim Parkaufseher an. Könnte er ein Verdächtiger sein? Hinsichtlich dieser gemeinen Verbrechen besteht eine hohe Dunkelziffer, aber indem sie verschämt verschwiegen werden, wird sich das Problem nicht in Luft auflösen.

Mein Ratschlag? Laß den Dildo ständig angeschnallt und befestige den Vibrator am Proviantgürtel oder am Wanderrucksack, vor allem in den großen Parks wie Grand Canyon und Yellowstone. So wirst du im Wald mehr Spaß erleben, und die Sorge, was wohl gerade im Standquartier vor sich geht, nagt nicht ständig an dir.

Die zweite Variante des Sexartikel-Vandalismus, die mir wiederholt zu Ohren kam, wird gewöhnlich von einer begangen, die du sehr gut kennst, also eine Ex- oder baldige Ex-Geliebte. Ich würde ja gern per Handzeichen sehen, wie viele von euch schon voller Entsetzen zusehen mußten, als eure Liebste zum Fleischermesser griff und den Gummischwanz in tausend Stücke hackte. Oder noch schlimmer: Sie nahm die Greueltat heimlich vor und stopfte die Überbleibsel in dein Kopfkissen oder in deine Schuhe. Diese Art von Untat ruft für gewöhnlich zunächst erst einmal Heiterkeit hervor, aber wenn du dann daran denkst, wieviel Geld dich die Sachen gekostet haben, vergeht dir das Lachen recht schnell.

Die Partnerin, die damals den Mut aufgebracht hat, den schmierigen Sexshop zu betreten und das kostbare Stück zu kaufen, ist in der Regel nicht diejenige, die dem Spielzeug den Garaus macht. Anscheinend bleibt bei vielen Paaren eine nägelkauend im Auto sitzen, während die andere sich bemüht, so auszusehen, als wüßte sie, was sie täte, wenn sie auf Zehenspitzen in „Bobs Phantastischen Pläsier-Palast" schleicht.

Es spricht nichts dagegen, daß du den Sexshop in deiner Nachbarschaft kennenlernst. Der „Bob" im Pläsier-Palast ist kein bißchen bedrohlicher als der Verkäufer bei Woolworth, und es wird niemand versuchen, dich anzumachen.

Die männlichen Kunden im Laden haben mehr Angst vor dir als du vor ihnen. Sieh bloß, wie sie einen Haken schlagen, um dir den Weg zu den Brustnippleklemmen freizumachen. Das verleiht dir ein wunderbares Machtgefühl. Ich verstehe nicht, wie sich Männer an der Bushaltestelle so unverschämt benehmen können und es ihnen dann im Sexshop völlig die Sprache verschlägt, aber so ist es eben.

Doch kehren wir zurück zum Problem des beziehungskrisenbedingten Dildo-Vandalismus. Solch teure Zerstörung zu vereiteln bedarf größerer Sensibilität und Vorstellungskraft als das Vorbeugen gegen Raubüberfälle im Urlaub. Zuerst mußt du überlegen, ob du oder deine Geliebte ein heimlich angestautes Verlangen danach haben, einen Dildo zu tranchieren. Dieser

Drang weist eine gewisse Hemmungslosigkeit auf und ist vergleichbar mit dem Verlangen, alles mit Sprühsahne zu verzieren oder vom Zehnmeterbrett zu springen. Es ist völlig legitim, solchen Begierden zu frönen, aber warte nicht bis zum Wutanfall, um sie auszuleben. Kauf dir noch heute eines von diesen Gummimonstern zu acht Dollar, und wenn du dich das nächste Mal zu bösen Streichen aufgelegt fühlst oder unbedingt deinem rasenden Haß auf deinen Vater, deinen Chef oder das Finanzamt Ausdruck verleihen willst, nimm dir Mr. Monster vor und zeig dem Gummi, was Sache ist. Auf diese Weise ersparst du dir eine teure und unnötige Therapiestunde.

Die intimen Spielzeuge aber, an denen dir wirklich liegt, verdienen den gleichen materiellen Respekt wie ein Abendkleid aus Goldlamé oder ein neues Motorrad. Einige von euch langjährigen oder quasi verehelichten Mädels beschwören den Ärger förmlich herauf, indem ihr den Dildo außerhalb eurer Hauptbeziehung einsetzt. Zumindest solltet ihr Kondome benutzen, wenn euch eure Gesundheit auch nur das geringste wert ist. Wenn ihr vermutet, daß es zudem Eifersuchtsreaktionen geben könnte, laßt die Ehetrophäe zu Hause und kauft euch ein zusätzliches Affären-Modell.

Wo ich gerade von diesem so wichtigen Einkauf spreche ... Ich habe so viele frischverliebte lesbische Paare gesehen, die direkt von der Schmuck- oder Bettwäsche-Abteilung bei *Macy's* zu *Good Vibrations* kamen, um jene intime Entscheidung gemeinsam zu treffen: Sollen wir den fliederfarbenen oder den fleischfarbenen nehmen?

Sechs Monate oder ein Jahr später kommt eine Hälfte des Paares wieder, normalerweise mit einem neuen Haarschnitt, aber für meine scharfsichtigen Augen unverkennbar. Sie gibt mit einem Seufzen oder Knurren zu, daß ihre bessere Hälfte das Nest verlassen hat und daß mit ihr der Zauberstab, der Analdildo und diverse Pfauenfedern von hinnen gingen.

Was können wir in solchen Fällen sagen, außer c'est la vie? Einige vorsichtige oder gebrannte Geliebte entscheiden auf der Stelle, wer was kauft und besitzt, doch diese philosophische Einstellung zu neuen Romanzen entwickelt sich anscheinend immer nur entsprechend dem Lehrgeld, das bezahlt wird. (Wo ist mein Taschentuch ...?)

Wären wir alle reich, könnten wir es uns leisten, uns unseren launischen Eingebungen hinzugeben, aber die durchschnittliche Lesbe, die versucht, sich mit einem Sozialhilfe-Einkommen als Yuppie auszugeben, täte besser daran, während jener ersten Blüte der Lust die Kreditkarte in der Tasche zu lassen. Du möchtest keine neunzehneinhalb Prozent Zinsen für einen Dildo berappen, der dir abhanden gekommen ist.

Verdammt, Madame!

Wenn ich auf Safer Sex zu sprechen komme, ziehen die meisten Lesben ein Gesicht, als hätte ich ihnen einen Teller kalten Spinat vorgesetzt. Ich habe jedoch eine ganz andere Einstellung zu Safer Sex: Ich finde, daß er große Abwechslung in unser Sexleben bringt, die uns noch lange über die AIDS-Epidemie hinaus erhalten bleiben wird. Wenn du neue Wege in Erregung ziehst und abgehst, wie du es dir nie hättest träumen lassen, wirst du schließlich kaum deine neuen Methoden aufgeben, sobald jemand mit einem Impfstoff aufkreuzt.

Einige Sexpraktiken, die wir schon die ganze Zeit treiben, sind relativ „safe": Tribadie und Vibrieren zum Beispiel.

Doch ich würde gern zum Kern der bislang zu unrecht verpönten Safer-Sex-Utensilien vordringen: Kondome, Gummihandschuhe und die unbeschreiblichen Latextücher, die aus der Zahnchirurgie stammenden „Kofferdämme" oder „Dental Dams".

Kondome stellen das großartigste Konsumgut seit Erfindung des Klopapiers dar. Jede, die sich einmal einen Dildo oder einen Vibrator mit einer anderen geteilt hat, weiß, wie leicht eine Pilzinfektion übertragen werden kann – von Herpes oder AIDS ganz zu schweigen. Normalerweise verlassen wir das Bett und waschen unsere Spielzeuge zwischen den verschiedenen Einsätzen. Du kannst aber auch Kondome neben dem Gleitmittel auf dem Nachttisch parat haben und deinem Gummi-Entchen in Null Komma nichts eins überziehen. Wenn du mit dem Spielzeug in eine andere Öffnung wechselst, streifst du den Gummi einfach ab und rollst einen neuen drauf.

Kein Streß, keine abturnende Unterbrechung – du mußt nicht mehr zwischendurch aufstehen und deinen Dildo im Spaghetti-Topf kochen!

Als ich kürzlich auf einer Veranstaltung in Denver Gummihandschuhe vorführte, bekamen etliche Frauen im Publikum knallrote Ohren, als ich einen davon über meine Hand zog. Offensichtlich kannten sie die glatte, glitschige, großartige Erfahrung, von behandschuhten Fingern gefickt zu werden. Der Latex ist so gefühlsecht, daß die Trägerin jedes bißchen Hitze und Nässe spürt, während die Empfängerin alle Ein-Drücke ohne Kratzer abkriegt. Wenn ich Latex für Finger- oder Faustficks benutze, bin ich immer wieder überrascht, daß meine Hand trocken aus dem Handschuh kommt – die Feuchtigkeit hatte sich so hautnah angefühlt. Was ich als chronische Nägelkauerin besonders liebe, ist, daß die Säfte meiner Partnerin meine Haut nicht mehr reizen – nie wieder brennende Fingerspitzen! Ich jedenfalls werde es immer genießen, Latex zu tragen.

Nun zu dem Accessoire, bei dem alle immer so ein verkniffenes Gesicht machen: dem Dental Dam. Ich werde euch den Kopf ein für allemal zurechtrücken: Latextücher erschweren es dir nicht, auf traditionelle Weise zum Orgasmus zu kommen (Cunnilingus-Grundkurs), aber dank dieses kleinen fünfzehn mal fünfzehn Zentimeter großen Quadrates sexueller Befriedigung kannst du oralen Wonnen nachgehen, auf die du niemals zuvor gekommen wärst.*

Die Feinschmeckerinnen-Technik Nr. 1 ist ein spezielles klitorales Vakuumsaugen. Ziehe ein Tuch über die Klit deiner Geliebten. Taste mit deiner Zunge, bis du ihre Spitze unter der Kapuze

---

* Gelegentlich wird Frischhaltefolie als Ersatz für Dental Dams benutzt. Die offensichtlichen Vorteile liegen im Preis und in der variablen Größe – Billigware reißt allerdings zu schnell. Nachgewiesenermaßen sicherer sind aufgeschnittene Kondome oder „Lollies", ebenfalls Latexlappen, die allerdings speziell für Oralsex hergestellt werden und größer und dünner sind als die aus der Zahnchirurgie stammenden Dental Dams. Frau hat die Wahl zwischen den Geschmacksrichtungen Vanille und Coca-Cola. (Anm. der Übers.)

spüren kannst. Schürze jetzt deine Lippen um diesen kleinen Bereich und sauge eine klitzekleine Gummiblase ein. Das führt zu einem netten kleinen Vakuumeffekt auf der darunterliegenden Klit. Du kannst im Grunde überall „Blasen-Saugen", aber als Fan direkter Stimulation mag ich persönlich die Klitblase am liebsten.

Das Geheimnis der Latextücher besteht in ihrem wahrhaft befreienden Effekt in Sachen Analsex. Wenn du ein Latex verwendest, kannst du deine Geliebte buchstäblich mit derselben Begeisterung „am Arsch lecken", die du sonst für das Küssen von Babies reservieren würdest.

Es ist interessant, daß herkömmliche Sexratgeber vor dem Arschlecken oder „Analingus" immer Einläufe und eine gründliche Reinigung empfehlen. Im wirklichen Leben (vor dem AIDS-Zeitalter) vermieden es die meisten Menschen, zu riskieren, buchstäblich Scheiße zu essen, indem sie ihren Mund niemals auch nur in die Nähe eines Arsches brachten, oder sie nahmen das kleine Risiko wohl oder übel in Kauf, um die Vorzüge dieses weichen, heißen Züngelns zu genießen, nach dem fast ein jeder Arsch verlangt. Heutzutage haben die meisten von uns wegen der furchterregenden Aussicht, AIDS zu bekommen, dem Arschlecken abgeschworen, wenn sie nicht in monogamen Langzeitbeziehungen leben.

Hier tritt der Dental Dam auf den Plan! Mit Hilfe dieser Latextücher kannst du die stundenlange Dusche überspringen, den Einlauf vergessen, die Monogamie eintüten und deine Hemmungen in den Müll schmeißen! Mit einem Latexviereck über dem Arsch deiner Geliebten kannst du nach Herzenslust lecken und schmecken.

Das Beste jedoch habe ich für den Schluß aufgespart. Seit meiner Sexerziehungs-Kindergartenzeit werde ich davor gewarnt, niemals mit dem Mund vom Arsch zur Möse zu wechseln, um keine Infektion zu riskieren. Einbahnstraße! Sackgasse! Eintritt verboten! Als braves Mädchen paßte ich meine Sexgewohnheiten an, um dieses Tabu ja nicht zu brechen.

Doch nun stell dir mal folgendes vor: Mit einem Latextuch, vom Arsch zur Möse gespannt, kannst du voller Glückseligkeit von vorn nach hinten und von hinten nach vorn lecken, ohne zurückzuzucken. Ein tolles Gefühl! Kaum zu fassen, daß du damit ungestraft davonkommen sollst. Kaum zu glauben, aber das nennt sich Safer Sex.

Ja, es gibt einen Silberstreifen am Horizont der Furcht vor sexuell übertragbaren Krankheiten, und er ist auch in Pfefferminzgeschmack erhältlich. Lang lebe Latex!

Fisting II

O Lesbensex ... Es geht nicht wie von selbst, nur weil du lesbisch bist. Wir hangeln uns irgendwie so durch und sehen uns schmutzige Filme an, um Tips zu bekommen, denn über eine Menge lesbischer Sexpraktiken wird nicht gesprochen.

Vor einiger Zeit hatte ich das Vergnügen, auf der „Living in Leather"-Konferenz in Seattle einen zweitägigen praxisorientierten Fisting-Workshop zu leiten. Ein solch unerhörtes Thema erforderte ein wenig Vorbereitung. LaMar, eine Tätowierkünstlerin aus Seattle, versprach, mir eine echte ärztliche Untersuchungsliege zu beschaffen. Ich gab eine Anzeige in den *Seattle Gay News* auf, um eine „vaginal entspannungsfähige Freiwillige" für die Demonstration anzuwerben.

Ich erhielt ein paar Anrufe von einigen verschrobenen Typen, aber dann meldete sich ein Juwel. Eine Frau namens Donna erzählte, sie und ihre Geliebte seien Fisting-Gourmettes, und sie selbst würde sich glücklich schätzen, Versuchskaninchen für mich zu spielen.

Der Gedanke daran, Donna persönlich zu treffen, machte mich nervös. Ich wollte eine kurze private Generalprobe vor dem eigentlichen Ereignis, aber wie sollte ich sie darum bitten? „Entschuldige, aber sollten wir es nicht einmal in geschlossener Gesellschaft tun, damit ich sichergehen kann, daß ich in deine Möse rein- und wieder rauskomme?"

Ich kehrte meine besten Susie-Sexpert-Manieren hervor und schlug vor, daß wir erst einmal über die Einzelheiten reden sollten, was sich als unschätzbar wichtig herausstellte. Anders als manche Frauen, deren liebste Bewegung beim Fisting ein langsames Ballen und Entspannen der Faust ist, bevorzugte Donna eher drehende massierende Bewegungen. Sie zeigte mir, wo ich meine behandschuhten Finger zusätzlich mit Gleitmittel befeuchten sollte. Als wir uns dem Probelauf näherten, schlug ich vor, daß ihre Geliebte Carrie Händchenhalten sollte. Unsere Probe verlief wie geschmiert.

Am folgenden Nachmittag drängelten sich sechzig Frauen in den unbelüfteten Raum, um am Workshop „Vaginales Fisten" teilzunehmen. Die Atmosphäre war so elektrisiert, daß du problemlos deinen ganzen Haushalt hättest mit Strom versorgen können. Zuerst verteilte ich meine Gummihandschuhe, Kondome und Latextücher und verlor einige Worte über Safer-Sex-Techniken. Gummi- oder Vinylhandschuhe sind bloßen Händen beim Fisten eindeutig überlegen. Sie lassen sich besser schmieren und bieten eine glattere Oberfläche, was das Hineingehen erleichtert.

Ich fragte, wer im Raum mein erstes Essay über Fisten gelesen hätte, und zu meiner Überraschung hob jede einzelne die Hand. Ich erklärte, daß ich in allen Einzelheiten von ihren Erfahrungen hören wollte. Warum lieben wir Fisten? Tut es manchmal weh, und wenn ja, warum? Wie wirken sich Drogen, operative Eingriffe oder gesundheitliche Probleme aus? Gibt es so etwas wie Lampenfieber beim Fisten? Führt Fisten immer zum Orgasmus?

Einige Frauen klagten darüber, daß ihre Partnerinnen zu heftig gefickt werden wollten und daß sie Angst hätten, sie zu verletzen. Gerade als eine Übereinstimmung gegen heftiges Fisten zustandegekommen schien, meldete sich eine mutige Seele: „Ich liebe es, heftig gefickt zu werden. Ich mag es, wenn mein Gebärmutterhals hart gestoßen wird. Manchmal habe ich am nächsten Tag leichte Zwischenblutungen. Früher fürchtete ich, ich würde mich vielleicht ernsthaft verletzen, aber ich habe keine weiteren Symptome festgestellt."

Daraufhin herrschte Schweigen. So etwas kannst du nicht einfach deine Ärztin oder deinen Arzt fragen – nicht nur weil es dir peinlich wäre, sondern weil die verdammte Ärztin selbst nichts darüber weiß! Wir tauschten uns darüber aus, was wir über die Empfindlichkeit des Gebärmutterhalses wußten. Stöße und Druck sind nicht unbedingt schädlich; in den Muttermund einzudringen ist gefährlich, aber das ist ganz und gar nicht das, worum es beim Fisten geht.

Eine andere Frau wies darauf hin, daß auch der Fisterin Gefahr drohen könne. Eine ihrer Geliebten sei einmal gekommen, während sie ihre zusammengerollte Hand in ihr hatte, und die Kontraktionen hätten ihr einen kleinen Handknochen gebrochen. Diese Erfahrung gab das Stichwort für eine Reihe praktischer Tips, wie du schnell wieder aus der Möse einer Frau kommst, wenn deine Hand in einem Vakuum gefangen ist. Die Methoden umfaßten sanft auf den Unterbauch deiner Partnerin zu drücken oder mit einem Finger deiner freien Hand am Eingang der Möse zu zupfen, was das Vakuum löst. Ruhig abzuwarten, bis sich ihre Muskeln entspannen, ist die einfachste Methode. Gerate nicht in Panik – oder du stehst vor dem Problem, den Leuten zu erklären, warum deine Hand in Gips ist.

Wir kamen dann zum Orgasmus. Ich fühle mich beim Fisten manchmal wie auf einem langen, träumerischen harten Ritt, was ein meditatives Gefühl erzeugt, nicht aber den hohen Grad an Erregung, der zum Orgasmus führen würde. Das ist ein so machtvolles Gefühl, daß ich mich nicht unbefriedigt fühle, und manchmal überrascht es mich, daß ich schließlich doch komme. Mehrere Lesben im Workshop erzählten von ähnlichen Erfahrungen. Das Gespräch entwickelte sich zu einer Orgasmusdiskussion. Wir stellten fest, daß du, wenn du nicht orgasmusorientiert liebst, dennoch begierig sein kannst, andere Ziele zu erreichen. Es wurden noch viele Geschichten erzählt: Von Frauen, die sich beim besten Willen nicht fisten lassen und sich fühlen, als hätten sie versagt, wenn sie sich nicht öffnen können. Von Geliebten, die fürchten, ihre Freundinnen zu verletzen oder andere Dummheiten zu machen, wenn sie auf deren Vorwurf hin, sich beim Fisten nicht ausreichend zu bemühen, versuchen, etwas zu erzwingen. (Richtig.) Es ist gräßlich, wenn Fisten zum Lusttribut wird, den du zollen sollst, gerade so wie viele von uns sich veranlaßt fühlen, „zur richtigen Zeit und auf die richtige Weise" Orgasmen zu bekommen, um unsere sexuelle Kompetenz unter Beweis zu stellen. Diese Art von Einstellung lähmt!

Schließlich sagte eine Frau: „Ich wurde noch nie gefistet, aber ich genieße es, gefickt zu werden, und wenn es je passieren sollte – schön. Es bereitet mir aber keine schlaflosen Nächte. Ich liebe es auch, meine Partnerinnen zu fisten, deswegen bin ich heute hier."

Jetzt war es an der Zeit, die Untersuchungsliege herbeizurollen. Donna kletterte hinauf, und Carrie kuschelte sich an ihre linke Seite. Ich drückte den letzten Rest meines Gleitmittels auf meine behandschuhten Finger. Ich war so aufgeregt, daß ich mit der Hand fuchtelte und die Hälfte davon ins Publikum spritzte. Ich begann, mit Donnas Möse zu spielen, erzählte dabei, was wir am Vorabend besprochen hätten und wie hilfreich es sei, ein offenes Gespräch zu führen, bevor frau ranginge. Bald waren all meine Finger und der Daumen bis zu den großen Knöcheln in ihr drin. Mit einer schnellen Bewegung schlüpfte ich bis zum Handgelenk hinein. Unvermittelt hielt ich in meinem Vortrag inne und merkte, wie heiß es im Raum war: rote Gesichter, Stille, wo vorher ständig getuschelt worden war, und aller Augen gespannt darauf gerichtet, wie ich meine Hand bewegte. Ich glaube, wenn ich es noch länger weitergetrieben hätte, wäre es zu einer Orgie gekommen, aber vorher wäre uns vermutlich der Sauerstoff ausgegangen.

„Ich werde jetzt rausgehen, okay? Kann eine die Tür öffnen, bevor wir alle in Ohnmacht fallen?"

Donna stand auf, und wir applaudierten uns gegenseitig. Ich begann meine Gummi-Utensilien einzupacken. Es erwies sich als schwierig, das Podium zu verlassen. Eine Frau nach der anderen kam zu mir und sagte, dies sei die beste Veranstaltung gewesen, die sie je besucht hätte. Fand ich auch.

„Was genau hat euch so gut gefallen?"

Lainie, eine der Organisatorinnen der Konferenz, antwortete: „Mir gefiel am besten, daß hier eine echte Lesbe eine echte Penetration durchgeführt hat."

Das traf tatsächlich den Kern der Sache. Ich bin hocherfreut, daß das Fisten, die geheimnisumwittertste all unserer Praktiken, sexuelle Fragestellungen aufwirft, für die wir Lesben Expertinnen sind.

China Girl

Vor ein paar Wochen erzählte mir meine Freundin Margaret, sie hätte einige ihrer eher schüchternen Freundinnen dazu überredet, eine Sex-Gesprächsgruppe zu gründen. Sie erklärte mir, daß diese Frauen zu jenen gehören, die niemals einen Sexshop betreten würden, egal wie einladend oder frauenorientiert er wäre. Nichtsdestotrotz seien sie alle neugierig auf Sexspielzeuge, und Margaret fragte mich, ob sie sich für eine Vorführung ein paar meiner Lieblingsstücke borgen könnte.

„Klar, komm vorbei", sagte ich, „aber du mußt sie morgen zurückbringen. Sie bilden das Fundament meiner psychischen Gesundheit."

„Ist das alles?" fragte Margaret, als sie in meine Wundertüte guckte. Sie war enttäuscht, weil ich ihr nur eine Handvoll Sachen eingepackt hatte. Aber ich hatte nicht die Absicht, mich in Entschuldigungen zu ergehen.

„Sieh mal, Maggie, wir beide wissen, daß dieser Tinnef mit fünf rotierenden Köpfen und Autopilot einem Zauberstab und ein paar gutsitzenden Dildos nicht das Wasser reichen kann."

Sie verstand, worauf ich hinauswollte, und trabte los, um mit ihrer Gruppe das Beste daraus zu machen. Aber unsere Unterhaltung brachte mich zum Nachdenken. Ich wollte schon immer mehr von Sexspielzeug, allerdings nicht in dem Sinne, in dem die Hersteller denken. Die Männer, die dreiundneunzig Tage vorprogrammierbare, doppelspurig kompatible Was-weiß-ich-für-Systeme mit Autoreverse basteln, übertragen dieses Denken auf die Entwicklung von neuem Sexspielzeug. Dabei wollen Frauen doch bloß, daß Form, Größe, Power und Handhabung gründlich durchdacht und die Spielzeuge frauengerecht konstruiert werden.

Ein Beispiel zur Verdeutlichung: Joani Blank, die Besitzerin von *Good Vibrations,* präsentierte mir einen Prototyp von einem Erfinder aus dem Mittleren Westen, der einen verzweifelt ernsten, vierseitigen Brief mitschickte, in dem er all seine Hoffnungen und Träume, die sich um seine Erfindung rankten, beschrieb.

Dieses komische Gerät hatte einen Aufsatz für die Klit, einen für den Arsch, einen für den Möseneingang, einen für tiefer drinnen, Druckknöpfe, um es an einem Strumpfhalter festzumachen, und eine batteriebetriebene Steuereinheit. Alles aus ein und demselben Stück Plastik.

Klar würde ich mal wieder das Versuchskaninchen spielen. Aber mein Urteil war absehbar. Batteriebetriebene Erfindungen taugen einen Scheiß. Und das kleine Biest war häßlich, mit und ohne angeclipte Spitzenstraps. Ganz zu schweigen davon, daß etwas mit so vielen Anschlüssen und Aufsätzen kaum jeder Frau passen wird.

Wenn es Vibrator heißt, soll es vibrieren, verdammt noch mal! Nicht nur summen wie der Fernseher nach Programmschluß. Ich ziehe außerdem Spielzeuge vor, die schön anzusehen sind, gerade so wie Schmuck oder jedes andere Accessoire. Und schließlich können wir, egal worum es geht, niemals zu viele Größen und Ausführungen zur Auswahl haben. Müssen wir den „Sexspielzeug für alle Größen e.V." gründen, um uns begreiflich zu machen? Müssen wir Hella dazu kriegen, ins Dildogeschäft einzusteigen? Es gibt zu wenige sehr kleine und zu wenige sehr große Dildos. Das gleiche gilt für sehr dicke und sehr dünne.

All diese Grübelei brachte mich dazu, mir zu überlegen, was sich im Spielzeug-Business verändert hat, seit ich anfing, im Bereich Sexerziehung zu arbeiten. Unsere Bemühungen sind nicht völlig umsonst gewesen. Ich erinnere mich an meine frühen Tage als Einkäuferin für *Good Vibrations*. Ständig flehte ich:

„Könnten Sie diese Joysticks in einer anderen Farbe als klinisch tot herstellen?"

Heute, sieben Jahre später, kannst du in den schäbigsten Sexshop gehen und findest dort Vibratoren in Rosarot und Himmelblau. Lach nicht! Das ist eine direkte Antwort auf die weibliche Stimme auf dem Markt der Sexspielsachen, also genießen wir unser Verdienst! Wir haben die Welt des genitalen Plastikzeugs um ein bißchen Farbe und Phantasie bereichert, und zwar im Sinne dessen, wozu diese Spielzeuge dienen: dem Vergnügen, nicht der Schuld und Geheimniskrämerei.

Die Silikondildos der New Yorker Firma *Scorpio Products* stellten in den frühen achtziger Jahren eine Revolution auf dem Dildomarkt dar. Gosnell Duncan, der Erfinder und Hersteller, hatte begriffen, wie wichtig Größen, Vielfalt und Sinnlichkeit seiner Modelle waren. Jetzt, Jahre später, gibt es die ersten lesbischen Dildo-Produzentinnen. Klein und sexperimentell und bestrebt, eine Welt zu verändern, die Beate Uhse und Konsorten – Quelle so vieler gummiartiger „Liebes- und Ehehilfsmittel" – zur Mittelmäßigkeit hat verkommen lassen.

Trilby Boone, unsere erste lesbische Spielzeug-Designerin, erzählt, sie hätte schon immer maßgeschneiderte Dildos gebastelt, um ihren Geliebten Freude zu bereiten. Dazu habe sie eines dieser häßlichen orangefarbenen Gummiteile über der Gasflamme ihres Herdes erhitzt und es dann mit ihrem Taschenmesser zurechtgeschnitzt. Cindy Burns, die zweite talentierte Unternehmerin, kann nicht so romantische Anfänge nachweisen, hat aber dennoch erkannt, daß es offensichtlich ein Bedürfnis gab: Alle waren unzufrieden mit der Qualität und Auswahl massenproduzierter Sexspielzeuge.

Ich nehme an, du willst jetzt wissen, wie diese neuen Dildos aussehen. Trilbys Modelle wirken wie Zeichnungen aus dem Skizzenblock einer Künstlerin: Dildos in Form von Ballerina-Beinen, Delphinen, Maiskolben, Göttinnen-Figuren, um nur einige zu nennen. Ihre dünnsten Modelle entsprechen dem Umfang eines kleinen Fingers, und die dicksten haben einen Durchmesser von ungefähr sechs Zentimetern. Einige ihrer Modelle sehen aus, als sei in der Knetgummi-Fabrik ein Unglück passiert, aber ihre besten Kreationen sind einfach zauberhaft.

Cindys Kollektionen hingegen sind alles andere als schnuckelig. Sie wirken eher ursprünglich oder fantasymäßig. Sie sind größer und gewichtiger als alles, was ich bisher in dieser Art gesehen habe, und sie haben schlichte Formen: entweder wie ein Schwanz oder wie raffiniert modellierte Säulen. Wahrhaftig – die Persönlichkeiten dieser beiden Frauen drückten sich in ihrer Arbeit aus. Cindy ist die Art von Lesbe, die du direkt nach dem Kennenlernen anflehen würdest: „Nimm mich hinfort, Herrin, und benutze mich nach deinem Belieben!", wohingegen Trilby von jener Sorte ist, zu der du sagen würdest: „Besorg's mir gut, Süße – zeig mir, was du kannst!" Frau braucht bekanntlich beides.

Ich bin stolz, daß die Kreativität und die Intelligenz von Frauen endlich in Wirtschaftszweigen zum Ausdruck kommt, von denen wir alle profitieren können. Wir hatten schon immer ein Talent dafür, die herkömmlichen Fabrikmodelle aus der sexuellen Vergnügungswelt für unsere Zwecke tauglich zu machen und unsere persönlichen Lustmittel im Küchenschrank oder Garten zu entdecken. Aber wie oft wagen wir den Schritt, unsere Schätze anderen zugänglich zu machen? Unser Schwachpunkt heißt Öffentlichkeit.

Ein letzter Hinweis für Sexperimentierfreudige: Der neueste Schnäppchenladen für erotische Erfindungen ist der Bioladen oder das Fachgeschäft für chinesische Heilkunst. Letzten Sommer ging mir ein Licht auf, als eine Freundin mir ein Paar chinesische Heilkugeln überreichte, wunderschöne silberne Kugeln, etwas kleiner als Tennisbälle, in einem mit schwarzem und rotem Satin ausgeschlagenen Kästchen. In den Kugeln befinden sich Gewichte, die wie fernes Glockenläuten klingen. Angeblich dienen die Kugeln dazu, Arthritis, Bluthochdruck und andere Krankheiten zu kurieren, indem du sie achtenförmig gegeneinander in deiner Handfläche kreisen läßt.

Wie dem auch sei, mir kam ein anderer Behandlungsplan in den Sinn. Diese dicken Perlen sahen aus wie das, was Ben-Wa-Kugeln immer bewirken sollen, aber nie bringen. Ich schob mir eine in die Möse. Rund wie sie war, glitt sie problemlos hinein. Anfangs fühlte ich mich ein bißchen wie eine schwangere Auster. Ich wollte mich auf den Schoß einer Liebsten setzen und die Gans mit den Goldenen Eiern spielen. Ich streichelte meine Klit ein bißchen und fühlte, wie die Kugel leicht in mir herumrollte ... Ich mußte die zweite reinschieben.

Dieses „Kugeln" fühlt sich nicht an wie Fisten, weil die Kugeln kleiner als ausgewachsene Fäuste sind, aber beide zusammen beanspruchen doch ganz schön Platz. Ich war sehr feucht und konnte kaum den Ernst aufbringen, mein Sexperiment zu beenden, aber ich drückte die zweite Kugel an meinen Lippen vorbei. Sie paßte nicht ganz hinein. Ein Teil lugte aus meinem Möseneingang hervor. Himmlisch! Fast drin/fast draußen ist meine liebste Methode zum Verrücktwerden.

Ich schaukelte auf meiner Decke vor und zurück, und aus meinem Bauch erklang das Echo der Glöckchen. Es kam mir vor wie ein tibetisches Sex-Mantra. Ich kam, und das erste silberne Ei sprang heraus. Die zweite Kugel blieb zwischen den oberen Wänden meiner Möse eingekuschelt, bis sich die Muskeln etwa fünfzehn Minuten später entspannten. Ich hatte nie zuvor bemerkt, wie lange meine Vagina braucht, um zu ihrem ursprünglichen engen Zustand zurückzukehren, gewann also zusätzlich noch eine unerwartete wissenschaftliche Erkenntnis.

Muß ich Richard Nixon für meine Bekanntschaft mit der Welt der chinesischen Einfuhrartikel danken? Angeblich sind diese Kugeln nur eines von vielen anregenden Produkten, die wir dank des amerikanischen Interesses an Akupunktur und traditioneller chinesischer Heilkunst auf dem uns neu erschlossenen Markt finden können. Auf welche Weise werden Lesben die Führung im neuen orientalischen Erotizismus übernehmen? Ich glaube, ich werde noch ein wenig darüber meditieren.

Weg mit den Samthandschuhen!

Ich schwinge gern spontan Reden in der Öffentlichkeit. Ich habe zwar noch nicht in Speaker's Corner auf einer Seifenkiste gestanden, aber immerhin schon von einer Bierkiste aus agitiert. Widerspruch bringt mich erst recht in Fahrt. Nichts versetzt mein Blut mehr in Wallung als eine Unterrichtsstunde in Sachen „Sexualkunde" in der High-School, wo der erste Schüler fragt: „Warum sind Lesben immer so fett und häßlich?" Bei diesen besonderen Gelegenheiten, wo ein hochoffizielles Ereignis durch eine einzige klare Stimme so entzückend gestört werden kann, bin ich im sexten Himmel.

So hatte ich zum Beispiel nicht vorgehabt, im „War-Memorial"-Opernhaus aufzustehen und Susan Sontag nach ihrer Meinung zu von Lesben gedrehten Pornos zu fragen, aber ich bin froh, es getan zu haben. Der ungläubige Gesichtsausdruck war mehr wert als ihre tausend unausgesprochenen Worte.

Folglich zögerte ich auch nicht, jedenfalls anfangs nicht, als mich die AIDS-Stiftung in San Francisco bat, auf einem Podium zum Thema Frauen und AIDS zu sprechen. Als Marsha, die Koordinatorin, mir erklärte, daß das Podium aus feministischen Expertinnen für medizinische, juristische und familienpolitische Themen bestünde, fiel ich ihr erschrocken ins Wort:

„Heißt das, das Publikum, zu dem ich sprechen werde, besteht aus Frauen, die AIDS haben?"

„Nun, entweder sie selbst oder ihre Partnerinnen und Partner, oder es sind HIV-positive Frauen, die entweder Symptome zeigen oder auch nicht", erklärte sie.

Mir schwirrte der Kopf. Mein Mund murmelte automatisch, um

Datum und Zeit mit ihr abzusprechen. Ich nehme an, ich klang überzeugend, als ich ihr erzählte, das wäre genau die Art von Sexaufklärung, die ich schon immer hätte machen wollen. Ich gestand ihr, daß ich nicht mehr Ms Kondom spielen wolle und bereit sei, der Realität ins Auge zu sehen. Aber in Wahrheit hatte ich angesichts der Realität vor Angst die Hosen voll. Seit Jahren rede ich mir den Mund fusselig, daß Frauen, und insbesondere Lesben, die Auswirkungen von AIDS auf unser Leben begreifen müssen. Doch jetzt sollte ich vor einem ganzen Saal von Frauen sprechen, die mit AIDS lebten, und ich fühlte mich, als ob ich eine Verabredung mit dem Teufel und seiner Großmutter hätte.

Frauen mit AIDS sehen sich mit Isolation, Unsichtbarkeit und unverhohlener Ausgrenzung konfrontiert; sie sind ungeheuer leicht zu verletzen. Diese Frauen so geballt zu treffen bedeutete für mich, in die Höhle der Löwin zu gehen. Da hatte ich geglaubt, ich hätte meine AIDS-Phobie ausgemistet, und schon packte sie mich am Schlafittchen. Ich wußte, diese Veranstaltung würde mich, über den Umgang mit meiner eigenen Angst hinaus, aufrütteln. Es gibt praktisch kaum Informationen oder Hilfsangebote für Frauen mit AIDS, und das macht krank und ist beängstigend.*

Ungefähr einhundert Menschen hatten sich im Hörsaal eingefunden. Im Laufe der Diskussion fand ich heraus, daß etwa die Hälfte davon in der AIDS-Pflege tätig war und die andere Hälfte aus HIV-positiven Frauen und ihren Geliebten bestand. Eine beträchtliche Anzahl war lesbisch. Was mich besonders schockierte, obwohl ich doch damit hätte rechnen müssen, war, daß die meisten betroffenen Frauen so jung waren. Ich lernte einige positive Frauen mittleren Alters kennen, aber die meisten waren zwischen zwanzig und dreißig. Die in der AIDS-Arbeit Tätigen im Publikum sahen aus, als ob sie diejenigen seien, die gute Ernäh-

---

* Zu empfehlen: *Wer lutscht schon gern am Dental Dam. Information für Frauen, die Sex mit Frauen haben* – eine Broschüre der Deutschen Aidshilfe e.V. (Berlin 1996). (Anm. d. Übers.)

rung und sportliche Betätigung nötig hätten. Die HIV-positiven Frauen dagegen hatten eine faszinierende Ausstrahlung – sie waren die Art von Frauen, die dir auf der Straße auffallen.

Natürlich war dies eine ungewöhnliche Gruppe; diese Frauen hatten eine besonders aktive Rolle in bezug auf ihre Diagnose und Behandlung übernommen. Ich hatte es also mit Frauen zu tun, die wußten, daß es Informationsveranstaltungen wie diese Podiumsdiskussion gab, und das ist sicherlich die Minderheit.

Ich begann meinen Vortrag, indem ich erklärte, daß ich von ihnen sehr viel mehr lernen könnte als sie von mir. Da die Massenmedien nicht über die Sexualität HIV-positiver Frauen informierten, sollten wir bei Null anfangen und unsere Erfahrungen austauschen. Ich hatte nicht die Absicht, einen „Kondom-über-Banane"-Vortrag vor Menschen zu halten, die mit dem Gedanken klarkommen mußten, daß ihr eigener Körper ansteckend war. Der springende Punkt für Frauen mit und ohne AIDS ist, daß wir dazu erzogen wurden, ängstlich und unwissend in bezug auf unser sexuelles Verlangen zu sein. Wir wurden unserem Körper entfremdet. Zusätzlich mit dem Stigma AIDS infiziert zu sein ist vermutlich, als ob jeglicher positive, bereichernde Aspekt ihrer sexuellen Erfahrung verneint würde. Eine Frau, die mit der herrschenden AIDS-Phobie und ihrem eigenen positiven Befund zu kämpfen hat, befindet sich in dem Dilemma, daß sie ihre Sexualität auf eine Weise lieben und heilen muß, auf die sie wahrscheinlich nie vorbereitet wurde. Viele Frauen befassen sich nie damit. Sie werden enthaltsam, asexuell, anti-erotisch.

Ich bat das Publikum, ihre spontanen Antworten zu ein paar Fragen auf Zetteln festzuhalten. Die HIV-positiven und AIDS-kranken Frauen wurden gebeten, ihre Erfahrungen aufzuschreiben. Die Partnerinnen der infizierten Frauen sollten die Fragen ihrer Situation entsprechend beantworten, und die verbleibenden nicht infizierten Frauen sollten sich vorstellen, sie wären selbst positiv und müßten diese Entscheidungen treffen.

Hast du nach deiner HIV-Diagnose (oder der deiner Partnerin/ deines Partners)

1. mehr oder weniger Sex mit Partnerinnen bzw. Partnern?
2. dich öfter oder seltener selbst befriedigt?
3. eine Sexpraktik aufgegeben, die du wirklich toll fandest? Wenn ja, welche?
4. eine neue Sexpraktik entdeckt? Wenn ja, welche?

Während der restlichen Podiumsdiskussion zählte ich in Windeseile die Antworten aus. Am überraschendsten waren die Unterschiede zwischen denjenigen, die „es hatten", und denen, die „es nicht hatten".

Die Antworten der nicht-infizierten Befragten waren insgesamt viel pessimistischer – sie schienen zu glauben, daß sie, wenn sie morgen für HIV-positiv befunden würden, gleich in den Sarg kriechen und darauf warten würden, weggekarrt zu werden.

Die Mehrheit der HIV-positiven Frauen gab an, sie hätten seit ihrer Diagnose weniger Sex mit Partnerin oder Partner. 32 Prozent der HIV-positiven Frauen aber sagten, an der Häufigkeit ihrer sexuellen Kontakte mit ihren PartnerInnen habe sich nichts geändert, was ich für eine beachtliche Minderheit halte. Diese Frauen bewahren sich ein gutes Verhältnis zu ihrem Sexleben.

57 Prozent gaben an, daß sie gleich viel oder mehr masturbierten. In diesem Fall machte mich allerdings die große Minderheit von 43 Prozent traurig, die berichtete, es jetzt weniger zu tun. Sich selbst zu lieben birgt null Risiko, doch sobald das sexuelle Selbstwertgefühl den Bach hinuntergeht, scheint gerade diese bestärkende Erfahrung beschnitten zu werden.

79 Prozent der HIV-positiven Frauen und 90 Prozent ihrer Partnerinnen sagten, sie hätten etwas ihnen sehr Wichtiges aufgegeben: ungeschützten Oralsex. Ich habe nie eine Gruppe erlebt, die sich in bezug auf Cunnilingus so ereiferte.

Nach all diesen Jahren des Dildokrieges, in denen sich Lesben anfeindeten, weil die eine es mochte, gefickt zu werden, und die andere nicht, war es sehr erfrischend, Frauen nach oralem Sex verlangen zu hören, einzig weil er ihnen Vergnügen bereitet, nicht weil er „gleichberechtigt" oder politisch korrekt ist. Mösenlecken wird für mich nie wieder dasselbe sein!

Doch es kommt noch besser: 50 Prozent des Publikums gaben an, sie hätten neue sexuelle Verhaltensweisen ausprobiert, die sie niemals wieder aufgeben wollten. Am häufigsten wurden Vibrator-Spiele und Phantasie-Inszenierungen genannt.

Der große Unterschied zwischen den Angaben der infizierten Frauen und der nicht-infizierten Frauen bestand darin, daß letztere sich vorstellten, sie würden sich zärtlicheren, sinnlicheren Vorspielereien zuwenden, wenn sie ausschließlich Safer Sex praktizierten. Die Gruppe der Positiven jedoch verstand sofort die orgasmische Intention meiner Frage und ließ mich wissen, was sie brauchte und wollte, um abzugehen.

Zwei HIV-positive Frauen sagten, sie genössen inzwischen „Zärtlichkeit" und „einfühlsamere Kommunikation", aber aus ihren übrigen Angaben konnte ich schließen, daß ihre Geliebten Männer waren. Eine Hetera schrieb, wie sehr sie es jetzt liebte, fingergefickt zu werden, und ich konnte nur denken: „Und darauf mußtest du bis jetzt warten?"

Doch eines verwirrte mich bei all der Aufregung um oralen Sex. Die Frauen, die darüber sprachen, waren überzeugt, daß Mund-Möse-Kontakt kein Risiko darstellt, solange die Frau nicht blutet oder Schnitte, Entzündungen oder Ausschlag hat. Die Abwesenheit von Blut und Sperma scheint stark für latexloses Lecken zu sprechen. Ich fragte also: „Wenn euch Oralsex nicht beunruhigt, warum haben ihn dann so viele von euch aufgegeben?"

Eine Frau platzte heraus: „Weil, sobald du einer erzählst, daß du HIV-positiv bist, sie deine Möse nicht mehr anfaßt, von Lecken ganz zu schweigen!"

Das bringt es in etwa auf den Punkt. Wir können von Sonnenaufgang bis Sonnenuntergang über Safer-Sex-Techniken sprechen und eine Menge präziser Details über Plastik und Positionen zu Tage fördern. Doch das wirkliche Dilemma in bezug auf weibliche Sexualität und AIDS besteht in der Angst, Stigmatisierung, Demütigung und Entfremdung. Wir wollen uns aber vertraut, sexy und leidenschaftlich fühlen – uns anturnen und selbst entdecken.

Safer-Sex-Techniken können uns von den nackten Tatsachen ablenken. So fragte mich zum Beispiel eine Frau: „Ich war sechs Jahre mit einer Frau zusammen, die AIDS hatte. Seit einem Jahr bin ich nun allein. Jetzt bin ich wieder soweit, auszugehen und Frauen kennenzulernen, und ich möchte wissen, wie ich Latextücher benutze."

Auf diesen Moment hatte ich gewartet. Ich reichte ihr eine Handvoll Vierecke mit Minzgeschmack: „Ich kann dir in zwei Minuten erklären, wie du den Schutz benutzt, aber das scheint mir das kleinste deiner Probleme zu sein. Wie geht es dir damit, wieder Sex haben zu wollen? Hast du Phantasien übers Lecken? Sehnst du dich danach? Hast du Angst davor?" Diese Fragen könnten sich alle Frauen stellen. Bei diesem Treffen wurden die grundsätzlichen Sex-(Wahl)Möglichkeiten nur deshalb ins Licht gerückt, weil es dabei um Leben und Tod ging.

Eine anonyme Notiz wurde auf das Podium gereicht: „Was ist über Lesben und AIDS und lesbischen Safer Sex bekannt?"

Auf dem Podium saßen kompetente Menschen aus dem Gesundheitswesen, die diese Frage hätten beantworten können. Doch ich war nicht bereit, mir einmal mehr die „Nur die Fakten, bitte!"-Routine anzuhören.

„Die Geschichte mit Lesben und AIDS", sagte ich, „dreht sich nicht um die drei Ansteckungsfälle von Frau zu Frau, über die in medizinischen Zeitschriften berichtet wird. Die Geschichte sitzt hier in diesem Saal. Wir alle wissen, daß das medizinische Establishment lesbischen Sex in bezug auf AIDS ignoriert. Doch die einzige Gruppe, von der du denken würdest, daß ihr das nicht scheißegal ist – Lesben nämlich –, macht sich genauso des Leugnens schuldig wie jede staatliche Gesundheitseinrichtung.

Die Hauptinfektionswege für Lesben sind ungeschützter Sex mit Männern und intravenöser Drogengebrauch mit nicht-sterilen Spritzen. Weil die meisten Menschen, und das schließt Lesben ein, weder ausschließlich homo noch hetero leben, überrascht es nicht, daß viele Lesben, die sich niemals selbst als bisexuell bezeichnen würden, mit der Epidemie in Berührung kommen. Doch die lesbische Öffentlichkeit produziert vorrangig diesen „rein wie frischgefallener Schnee"-Mist, der Frauen davon abhält, angstfrei und ehrlich miteinander umzugehen. Durch AIDS haben wir nun einen Punkt erreicht, an dem wir uns entweder mit unseren Tabus konfrontieren und realitätsbezogen handeln oder aber zusehen werden, wie uns unser Schweigen und unsere Geheimniskrämerei umbringt.

Ich fürchte mich nicht vor männlicher Verseuchung, also davor, daß uns der Kern des Lesbischseins verlorengeht. Ich habe Angst davor, daß wir Lesben das Einfühlungsvermögen, mit dem wir einander begegnen, verlieren, weil wir unseren Ängsten und Verboten bezüglich Sex gestatten, uns auseinanderzubringen."

Eine der Lesben kam hinterher zu mir und sagte: „Ich nehme an einem Entziehungsprogramm teil, und als ich gesagt habe, daß ich HIV-positiv bin, konnten mir die Lesben nicht mehr in die Augen sehen. Ich bin butch (das hätte sie mir nicht sagen müssen), was die anderen nur noch mehr verwirrt ... Natürlich habe ich mit Männern gefickt: für Drogen, für Geld, einfach so – was weiß ich. Aber ich weiß, wer ich bin."

„Wie gehst du denn mit diesen Lesben um?"

„Gar nicht. Wenn sie mit mir nicht umgehen können ... Ich brauche ihren Scheiß nicht. Doch es ist jammerschade."

Ich konnte es ihr nicht verübeln, daß sie nicht sofort versuchte, am Bewußtsein ihrer Genossinnen zu arbeiten. Das ist genau das, was ich mit Isolation meine. Im Vergleich dazu schienen die anderen HIV-positiven Lesben, die nach der Podiumsdiskussion noch herumstanden, sehr vertraut miteinander umzugehen: Sie genossen eine Art von Nähe, die ich aus Homobars in abgelegenen Orten kenne.

Am Ende meines Auftritts dankten mir einige Frauen dafür, daß ich meine Sexspielzeuge vorgeführt hatte. Eine von ihnen sagte: „Ich fand es toll, daß du erzählt hast, das sei dein Vibrator, statt zu sagen, er hätte sich als sehr wirkungsvoll erwiesen ..."

„Nun ja, all diese Spielzeuge und Bücher gehören mir persönlich. Ich habe sie nicht mitgebracht, weil ich dachte, sie seien nette Neuigkeiten, sondern um zu zeigen, daß der erste Schritt auf dem Weg, sexuelle Verhaltensmuster zu ändern, der schwerste ist. Die folgenden sind viel süßer. Ich habe mit einem Vibrator angefangen, doch darum allein geht es nicht. Dieser erste Schritt bewirkte eine insgesamt viel offenere Haltung – ich fing nicht nur an, Spielzeuge zu kaufen und auszuprobieren, sondern ich begann, mein sexuelles Potential zu verstehen. Es war wie ein Auslöser für meine Vorstellungskraft. Mein Sexleben hat sich in den letzten sieben Jahren mehr entwickelt als in den dreiundzwanzig davor."

Es blieb noch so viel zu sagen. Wir hatten je fünfzehn Minuten auf dem Podium zur Verfügung gehabt und hätten eigentlich fünfzehn Stunden gebraucht. Dennoch war es die intensivste viertelstündige Sexdiskussion, an der ich jemals teilgenommen habe. Ich bin jetzt bereit für die Realität. Ich fasse mich nicht mehr mit Samthandschuhen an.

(Keine Sorge, ich habe noch Unmengen von Gummihandschuhen unter dem Bett.)

in & out

Seid ihr bereit für die schwullesbischen Neunziger – oder müßte es die post-schwullesbischen Neunziger heißen? Die sexuelle Befreiung wird im nächsten Jahrzehnt unter einem neuen Thema stehen, und das Motto heißt: „Überwinde dich selbst!"

Vor fünf Jahren flehte ich die Leserinnen der ersten Ausgabe von *On Our Backs* an, zu erkennen, daß „Penetration nicht heterosexueller als Küssen ist". Inzwischen ist der Dildokrieg vorbei, und ratet mal, wer gewonnen hat? Wir! Also schiebt ihn hinein und genießt es.

Lesbischer Sex besteht in vielen Teilen des verklemmten Amerika noch aus einem verständnislosen Blick. Aber der Trend – die Mode, wenn ihr wollt – geht zu Lesben als Vorbildern. Sogar Hetero-Paare kaufen inzwischen Dildos, und nur ihr Gleitmittel weiß, wer hier Mädchen und wer Junge spielt.

Als ich dank der Frauenbewegung in den siebziger Jahren mein Coming-out hatte, wußte ich, daß ich Teil einer beispiellosen Generation lesbischer Novizinnen war. Aber was heute unter jungen Frauen vor sich geht, läßt mich und meine Freundinnen von damals geradezu kümmerlich aussehen. Ich weiß nicht genau, wie sie das alles ohne die Unterstützung von Kräutertees und Selbsterfahrungsgruppen herausfinden, aber ich sehe heute mehr lesbische junge Dinger herumhüpfen als vor zehn Jahren.

Sie tragen Bürstenschnitte zusammen mit Glitzerlippenstift, Hosenträger mit hochhackigen Pumps – die lesbische Version der Popkultur. Und dieser Tage wird das Homo-Flair nicht ausschließlich von den Boys entwickelt. Jetzt zeigen die Frauen die schönsten Federn.

Erzählt mir nicht, das heiße Androgynität – ich besitze ein Flanellhemd, das mich daran erinnert, was schönfärberisch „androgyn" genannt wurde. Es handelte sich keinesfalls um die besten Anteile aus Weiblichkeit und Männlichkeit in schamloser Vereinigung – es war null Weiblichkeit und Buttertoast-Butch.

Wenn wir heute einer Lesbe ein Kompliment für ihre visuelle Ausdrucksfähigkeit machen wollen, benutzen wir deshalb statt „androgyn" das Wort „genderfuck" und meinen ihren gelungenen spielerischen Umgang mit Geschlechterrollen.

Überhaupt haben sich viele Worte geändert. In den Sechzigern sprachen wir beispielsweise von Orgien, in den Siebzigern von Gruppensex, und heute knüpfen wir an die Zeit unserer Kindergeburtstage an und besuchen eine „Playparty". „Playparty" weist auf ein gesellschaftliches Ereignis hin, nicht auf ein trunkenes Gelage, und betont eher die spielerische Komponente als die psychoanalytische.

Playpartys dienen jedoch nur dem Vergnügen und dem Ruhm einiger weniger. Die mit Abstand beliebtesten Trends sind ausgefallene Spielarten der Monogamie und Sexspielzeug-Händeleien. Die einzige Frage, die mich beschäftigte, als ich meine erste Jill-off-Party, das heißt meine erste Masturbationsparty besuchte, war: „Wo sind die Steckdosen?"

Ich sehe Steckdosen in deiner Zukunft, Freundin. Ich sehe 220 Volt durch deine geschwollenen Mösenlippen strömen, während sich weiter vorn ein Dildo zum Anschnallen abzeichnet.

Handbediente Dildos sind out, anschnallen ist in. Deine Hände brauchst du für andere Dinge, zum Beispiel, um ihre Arme über ihrem Kopf festzuhalten, damit du ihr dein schmutzigstes Telefonsex-Skript ins Ohr flüstern kannst.

Wenn dein fliederfarbener lebensechter Dildo herausrutscht, tu mir um Himmels willen den Gefallen und schieb ihn wieder rein, ohne groß zu fackeln. Oder leg dich ruhig hin und laß sie's tun – sie braucht's wahrscheinlich schneller.

Größer ist besser; ich prophezeie das, ohne rot zu werden. Mit dem anschnallbaren Dildo brauchst du schon ein paar zusätzliche Zentimeter, um spielend in Verbindung zu bleiben. Wenn du zu den Süßen gehörst, die immer noch schreien: „Nein, nein, nein, er ist zu groß!", willst du mich entweder anmachen oder du bist tatsächlich die letzte Person in Hintertupfingen, die kein gutes Gleitmittel benutzt. Glitschig kommt besser.

Obszöne Reden habe ich schon an anderer Stelle erwähnt. Das ist definitiv in – wir werden im Bett mehr reden und mehr tragen. Alle, die immer noch splitternackt zwischen die Laken schlüpfen, sind langweilig. Wir haben die Landidylle hinter uns gelassen, es führt kein Weg dorthin zurück.

Susie Sexpert prophezeit euch, daß S/M weiterhin angesagt sein wird, was die neuesten Trends beim guten alten leidenschaftlichen Liebesspiel angeht. Durchstochene Mösenlippen, unkomplizierte Fesselungen, Klapse, Zehenlutschen, Vibratorenfolter und inständiges Betteln gehören zum Standardrepertoire. Betrachte dich bloß nicht als S/M-Lesbe, wenn du nicht mindestens vier Peitschen und ein Paar Alligator-Brustklemmen mit deinem Monogramm besitzt.

Wir werden anfangen, darüber zu reden, was wir treiben, statt darüber, wer wir angeblich sind. Sag nicht: „Ich bin eine S/M-Lesbe", wenn du auch sagen könntest: „Ich stelle mir vor, wie ich meine Maniküre auf dem Badezimmerfußboden lecke, während ihr der Mund mit einem Gummiball gestopft ist." Oder: „Ich kneife meine Nipples, wenn ich's mir selbst mache, bis sie hart wie Nieten sind." Oder: „Fiste mich, bis mir der Schweiß von den Lippen rinnt." Klingt das nicht viel aufschlußreicher?

Sämtliche Lesbenvideos und sämtliche Bestseller, die du in der nahen Zukunft in die Finger kriegst, werden sich um Lesbensex drehen. Die gesamte Amazonen-Nation wird ihren Teil abkriegen. Schlichtes Meckern ist nicht mehr angesagt – im lesbischen Medienzirkus heißt es entweder „Tu was!" oder „Halt den Mund!".

Wir möchten nichts mehr über Ängste und Unsicherheiten hören, gegen die ihr nichts unternehmen wollt. Sextheorie ist herzlich willkommen, als Analyse verkleidete Neurosen hingegen sind es nicht.

Lesben werden die Avantgarde einer pornoübergreifenden Kreativität bilden. Wir sind schließlich als erste damit an die Öffentlichkeit gegangen, wieviel Spaß es macht, herauszufinden, wozu die andere Hälfte, das andere Drittel oder Viertel neigt. Wir haben genausoviel über Porno nachgedacht, wie wir uns davon anmachen ließen, und jetzt kommt uns unsere Analyse zupaß. Lesben werden dem Porno zu einem guten Ruf verhelfen. Da bin ich mir sicher.

Das beste an der Anti-Porno-Kampagne unter Lesben ist, daß wir zumindest eine Chance bekamen, das Thema intellektuell anzugehen, im Gegensatz zu den konservativen Miesmachern, die auf die Bibel pochen. Wenn du dich in diesem Sinne dazu aufraffen kannst, darüber nachzudenken, wie und warum dich sexuelle Darstellungen so stark berühren, bist du auf dem besten Weg, in die „Gesellschaft für Erotische Künste" einzutreten. Im nächsten Jahrzehnt wird Sex die Domäne der Künstlerin sein. Wir werden es die ganze Nacht treiben und es den ganzen Tag schreiben, malen oder filmen.

Okay, AIDS. Ich hoffe, in diesem Punkt erfüllen sich meine Prognosen. AIDS ist einer der makabersten Auslöser für die sexuelle Vielfalt der Neunziger. Es wird ein dauerhaftes Bewußtsein und vorbeugendes Verhalten bezüglich aller sexuell übertragbaren Krankheiten hinterlassen.

Wir werden auf einer kultivierten und sehr persönlichen Ebene über Safer-Sex-Techniken nachdenken. Handschuhe, Kondome und Latextücher werden zu unserem Alltag gehören. Zahnfleischbluten ist wahrscheinlich die größte Gefahr beim Lecken, nicht der Mösensaft an sich. Ich prophezeie mehr Zähneputzen und den zunehmenden Gebrauch von Zahnseide.

Sexkontaktanzeigen sind in. Fisten bei der ersten Verabredung ist in. Rollenwechsel ist in. Gel ist mega in (nicht für die Haare, für die Möse). Außerdem ist es in, ihr genau das zu geben, was sie verlangt. Dich selbst zu vergnügen wird dir ein noch größeres Vergnügen sein.

Ich kann die Neunziger kaum erwarten. *Do The Right Thing*.

Absolut bestechend

„Warum hast du das getan?" Manche Leute kriegen diese Frage ihr Leben lang gestellt. Mir kommt sie erst unter, seit ich meine Mösenlippen durchstechen ließ.

Egal, welchen Eindruck ihr durch meine Artikel von mir gewonnen habt, ich gehöre schon immer zu der Sorte von braven Mädchen, die es allen recht machen wollen. Ich habe nie davon geträumt, zum Zirkus wegzulaufen; es würde mir nie in den Sinn kommen, mir einen Irokesen-Schnitt zuzulegen oder ein Punk-Symbol tätowieren zu lassen. Ich habe tatsächlich eine ausgeblichene Tätowierung, aber es ist kaum mehr als ein kleiner Fleck auf meinem Schulterblatt – ein Füller mit Rosen, der ein Schwert kreuzt.

Wieso sollte ein Ring durch deine unteren Lippen also ein Problem sein? Ich kam vor vier Jahren auf die Idee, als meine Freundin Fanny sich entschied, ihre Lippen piercen zu lassen, und wir beschlossen, das Ereignis für *On Our Backs* zu fotografieren. Von diesem Nachmittag sind mir zwei Dinge im Gedächtnis geblieben: Fanny blieb die ganze Zeit über völlig cool und gelassen, und sie trug am Ende einen wundervollen Goldring, der durch ihren blonden Mösenschopf blitzte.

Ihre Piercerin, Raelyn Galinna, huldigt dem Körper wie kaum eine andere Frau, die ich kenne. Es ist mir ein Rätsel, warum sich vor ihrem Haus keine Schlange von Bittstellerinnen windet, die um eine Berührung durch ihre heilenden Hände flehen.

Seit 1985 habe ich diesen Nachmittag tausendmal durchgespielt. Ich habe Fanny bei ihren Auftritten in der Stripshow zugesehen, wo sie geschmacklosen Tand von ihren Ohrläppchen zog und wie exotische Anhänger von ihrer Möse baumeln ließ. Ich werde nie vergessen, wie dieser Mann im Publikum buchstäblich in seinem Plüschsessel zusammensackte und „Ich sterbe!" keuchte, als sie sich knapp vor seinen schreckerfüllten Augen wiegte. Das war ziemlich aufregend.

Ich habe weitere Männer und Frauen getroffen, die sich ihre Genitalien haben piercen lassen, und egal was ich von ihren Körperteilen hielt, der Schmuck unterstrich meiner Meinung nach ihre Schönheit. Ich fand es außerdem – du kannst jetzt das Licht herunterdrehen – unwiderstehlich romantisch. Ich brauche keinen Feuerschein und kein weißes Spitzentaschentuch – nur einen Mösenring, und du bist mein. Es ist so viel ernstzunehmender als ein Goldkettchen und tausendmal erotischer als ein Ehering. Dieser winzige Ring aus rostfreiem Stahl ist ein Ausdruck von Stärke und sexuellem Besitztum.

Oder schlicht und einfach, wie sich meine Freundin Dominga ausdrückte, als ich in einer Stunde der Wahrheit die Hosen herunterließ: „Wunderbar – etwas so Schönes am edelsten Teil deines Körpers anzubringen." Exactemente.

Wenn du den meisten meiner Freundinnen nur im geringsten ähnelst, hast du meine zärtlichen Beschreibungen rasch überflogen, um endlich zu erfahren, was alle Outsider für den Kern der Sache halten: „Tut das nicht weh?"

Nun, wir haben es fotografiert. Da kannst du meine ehrliche Reaktion auf die Nadelspitze sehen, und es dauerte nur zwei Sekunden, höchstens. Es gab ein winziges Tröpfchen Blut, und ich habe das befleckte Taschentuch für die Nachwelt aufgehoben.

Vor dem Schmerz hatte ich all die Jahre, in denen ich mir ausmalte, es zu tun, Angst. Ich fand endlich die Courage, als ich feststellte, daß ich zwar eine ausgewachsene Mimose bin, was meinen Körper angeht, aber Nerven wie Drahtseile zeige, wenn es darum geht, meine Freundinnen und die „Familie" zu beschützen. Als meine Schwester im Sexbusiness, Lisa LaBia, aus Minneapolis kam, beschlossen wir, daß zusammenbleibt, was zusammen pierced.

Ich war so damit beschäftigt, für sie tapfer zu sein – ich drückte ihre Hand zur Beruhigung –, daß du mich hättest umpusten können, als sie sich von mir freimachte und sagte: „Ich will zuerst!" Ich sah zu, wie ihre leuchtenden blauen Augen groß wie Untertassen wurden, als Raelyn die Nadel durchstach, und wie sie mit dem süßesten kleinen Schmerzensschrei, den ich je vernommen habe, den Kopf zurückwarf.

Ich fürchte, ich wirkte im entscheidenden Moment bei weitem nicht so sexy. Meine Reaktion, die den Bruchteil einer Sekunde dauerte, entsprach eher der reinsten Wut. Der Gedanke, der mir durch den Kopf schoß, lautete: „Wer zum Teufel hat dich da rangelassen?"

Danach aber konnte ich mich vom Spiegel nicht mehr losreißen. Ich liebe die Amethyst-Perle, die so zufrieden auf meiner rechten Lippe liegt. Der Stich verheilte innerhalb von drei Tagen mit Hilfe von ein bißchen antibiotischer Salbe, um die anfängliche Empfindlichkeit zu lindern.

Nein, die Perle gerät beim Ficken nicht in den Weg. Sie sitzt genau in der Mitte meiner Lippe und berührt weder die Klit noch die Harnöffnung. Ich spüre sie nicht, außer wenn sie berührt wird. Ich entdeckte allerdings einen überraschenden Sound-Effekt, als ich danach zum ersten Mal meinen Vibrator benutzte. Nicht ganz so rein wie der Ton einer Stimmgabel, aber ich nehme es mit dem Klang nicht so genau und genieße statt dessen die köstlichen Empfindungen.

Ich gehöre nicht zu denen, die alltägliche Ereignisse auf unerklärliche spirituelle Mächte zurückführen. Aber mein Piercing hat mit Sicherheit Wellen irrationaler Gefühle hervorgerufen, die ich nicht hätte vorhersagen können. Im Vergleich zu damals, als ich mit vierzehn zum ersten Mal meine Tage hatte und von dem großen Ereignis einfach nur angeödet war, rief mein Piercing ein ekstatisches weibliches Fieber hervor. Ich mußte mich zusammenreißen, um nicht herauszuschreien: „Ich bin FRAU – hört mein Brüllen!"

Ich verbringe einen Großteil meiner Zeit damit, Leuten zu erklären, daß der Schmerz beim Piercen im Vergleich zu einem Besuch bei der Zahnärztin oder zu einem dicken blauen Fleck verschwindend gering ist.

Doch weil du dir diesen besonderen Schmerz vorsätzlich und bewußt zufügen läßt, ruft er Stolz und ein süßes Gefühl hervor – und dies schätze ich als Erinnerung ebenso wie den Schmuck, der mich gegenwärtig ziert. Wenn Jane Fonda dir beim Muskeltraining rät, „das Brennen zu spüren", warum soll ich mich dann zurückhalten? Der Schmerz war sensationeller Höhepunkt eines Rituals, dessen Spuren ich fühle, wenn ich eine Geliebte bis zum totalen Wahnsinn errege oder wenn mein eigener Orgasmus mir bis in die Fingerspitzen geht.

Pussy-Power: Die Klit, die auf dem Piercing reitet, regiert die Welt.

Guter Hoffnung

Ich bin guter Hoffnung. Mein ureigenster Wonneproppen ist im Zwillingsglorienschein, am 12. Juni, fällig. Mein erstes Kind ist unterwegs.

Wenn ihr fürchtet, daß diese schräge Kolumne zu einem Forum für Kinderheilkunde verkommt, laßt mich euch versichern, daß eine meiner ersten Taten als Susie Sexpert darin bestehen wird, die Geheimnisse um Sex in der Schwangerschaft zu enthüllen. Insbesondere um lesbischen Sex. Was ich da bisher mitbekommen habe, ist ein Skandal.

Die Informationen, die eine schwangere Lesbe über ihre sexuellen Möglichkeiten bekommt, tendieren gegen null. Heutzutage wird kein einziges Babybuch mehr veröffentlicht, das nicht ein ausführliches Kapitel über Sex während und nach der Schwangerschaft enthält. Aber – und da wir das Jahr 1990 schreiben, ist dies ein ziemlich großes ABER – jedes dieser Kapitel widmet sich dem Liebesleben von Ehemann und Ehefrau und dreht sich in der Hauptsache um Penis-Vagina-Sex. Lesben? Könnt ihr vergessen – es gibt nicht einmal eine Fußnote, die sich auf „alleinstehende" Frauen bezieht, auf Frauen, die mehr als einen Partner haben, oder auf Frauen, deren sexuelle Vorlieben sich irgendwo jenseits der Missionarsstellung abspielen.

Kommen wir zu der Frage, die allen auf der Seele brennt: Wie bist du schwanger geworden? Das ist nicht nur die Lieblingsfrage naseweiser spießbürgerlicher Heteros – nein, jede politisch bewußte Lesbe ergeht sich in Spekulationen darüber.

Wieder einmal stellen wir fest: Die politisch korrekte Gedankenpolizei hat eine Art Rangordnung für lesbische Wege der

Empfängnis aufgestellt. Nichts ist dem ewigen Macho-Zweifel „Bin ich Manns genug?" ähnlicher als das sapphische Pendant: „Bin ich lesbisch genug?". Die Tatsache, daß Lesben immer wieder auf jede erdenkliche Weise – abgesehen von unberührter Empfängnis – schwanger werden, scheint an der Angst nichts geändert zu haben: „Bin ich auf die richtige Weise schwanger geworden?"

Die meisten Lesben mit Kindern, die ich kenne, betrachten die Umstände ihrer Empfängnis als ihre Privatsache, finden also, das geht dich einen Scheiß an. Manche sagen, daß das dem Schutz des Kindes diene, aber ich meine, es dient dem Schutz der Mutter vor rücksichtsloser Herumhackerei.

Keine von uns möchte aufgrund der Art der Empfängnis ihr Lesbischsein in Zweifel ziehen lassen. Egal, ob du es mit einem Hetero, einem Schwulen, einem Fremden oder einem von ganzem Herzen Geliebten, einer Spritztülle oder einer Samenbank getrieben hast, ob es geplant, ungeplant oder Resultat eines erhörten Gebetes war – die Befriedigung einer Frau, ein Baby gemacht zu haben, ist nichts, womit leichtfertig umgegangen werden sollte. Leg dich nicht mit ihr an.

Selbstverständlich haben Lesben schon vor der aktuellen Welle künstlicher Befruchtung Babys bekommen. Das Sperma in unsere eigenen Hände zu nehmen mag zum Symbol des lesbischen Babybooms geworden sein, aber ich glaube, der Boom selbst resultiert eher aus dem Feminismus und unserer wirtschaftlichen Unabhängigkeit. So viele Frauen bekommen Babys allein, gemeinsam mit ihrer Lebensgefährtin, mit männlichen Freunden oder jeglicher sonstiger Form von neumodischer familiärer Unterstützung. Es ist ein lohnenswertes Gesprächsthema, wenn du erst einmal mit deinen dummen Vorurteilen aufgeräumt hast.

Ich sage euch: Ich werde das Eis brechen! Auf einer Weihnachtsparty quetschte mich meine Freundin Hashima aus: „Hast du künstlich befruchtet oder hast du's getan?"

Ich fing an zu lachen, und sie zwinkerte mir zu: „Du hast es also tatsächlich getan."

So ist es. Ich bin auf die altmodische Art schwanger geworden. Ich lag mit einem echten Mann im Wasserbett, mit jemandem, dessen Gene und väterliche Eigenschaften ich schon sehr lange bewundert hatte. Mach mir ein Kind der Liebe. Ich bin ziemlich sicher, daß der Fernseher lief. Zumindest hoffe ich es, denn alle umwälzenden Sexakte meines Lebens sind in Videogeflimmer gebadet. Es war der erste Tag meines Eisprungs, und ich erinnere mich, daß ich mir vorstellte, wie das Sperma in meinen Muttermund gesaugt wurde wie von einem Vakuum. Es war höchst aufregend. Biologie als Erotikon.

Der Moment der Empfängnis ist ein Abenteuer, egal, wie du es bewerkstelligst. Meine ersten naturwissenschaftlichen Gehversuche unternahm ich mit einer Spritztülle für Truthahnfüllungen. 1978 versuchten wir, eine Gruppe von fünf Lesben, unsere Freundin Beverly zu schwängern. Beverly lebte in einer lesbischen Wohngemeinschaft auf dem Lande. Sie war mit einem schwulen Spender befreundet, der in einer knapp zwanzig Kilometer entfernten Universitätsstadt wohnte. Wir riefen ihn eines Sonntagnachmittags an, um zu sehen, ob er in der Stimmung war, eine Probe abzugeben.

„Kommt in einer Viertelstunde vorbei", sagte er. Er entlud den Zaubersaft in einen kleinen Glasbecher, den ich während der Fahrt nach Hause in meine Daunenjacke bettete. Ich wußte, es mußte warmgehalten werden. Ich wußte auch, daß der Zeitfaktor eine Rolle spielte, also trat ich das Gaspedal durch und versuchte, nicht die Sekunden zu zählen.

Dann kam der lustige Teil. Bev lag neben dem Holzofen auf einer Patchworkdecke mit Doppelaxt. Ich spülte die Spritztülle wohl tausendmal, weil ich befürchtete, daß die Reste irgendeiner vegetarischen Pampe unsere ganzen Bemühungen ruinieren könnten.

Dann waren wir schußbereit. Cheryl zog das Sperma auf und schob die Plastikspitze in Bevs Möse. „Tiefer rein!" riefen alle.

Natürlich wollte jede einmal drücken. Das war die Zeit, wo du wegen Besitz eines Dildos in den Knast gewandert wärst. Wir beschlossen, daß jede einmal drücken durfte. Eine Massenschwängerung! Wir versuchten, nicht allzu guter Hoffnung zu sein, denn wir wußten, daß Beverly gegen eine geheimnisvolle Unfruchtbarkeit kämpfte.

Nach einer Viertelstunde machten wir einen Abstrich von ihrem Muttermund, schmierten es auf eine kleine Glasplatte und betrachten das Ganze unter einem starken Vergrößerungsglas. Was ich an jenem Tag durch die Linse sah, stand mir in der Nacht, in der ich schwanger wurde, vor Augen.

„Da sind sie! Sie schwirren überall herum!" rief ich. Ich war mir sicher, daß im Biologielabor meiner High-School nie etwas derart Cooles durchgeführt worden war.

Demnächst mehr über den Titten-Trip in Körbchen Größe 110 D, „Wie ich mich durch die Wehen vibrierte" und die Frage: „Darf ich mich während des letzten Schwangerschaftdrittels fisten lassen?".

Wünscht mir Glück – und schickt mir eure erotischen Schwangerschaftsphantasien, eure wahren Erlebnisse und massenhaft naseweise Fragen!

Kreißende Lesben

Wäre ich Geburtshelferin, würde ich jeder Frau vier Kurse verordnen: Geburtsvorbereitung, Stillen für Anfängerinnen, Ernährung für Mutter und Kind und Lesbischer Sex. Ja, ich bin sogar der radikalen Meinung, daß jede Lesbe einen Kurs in Sachen Sex und Schwangerschaft belegen sollte, weil nicht nur Herr und Frau Hetero keinen blassen Schimmer haben, wie Sex und ein dicker Bauch zusammengehen.

Was Sex im letzten Drittel der Schwangerschaft betrifft, scheinen sogar die fortschrittlichsten Frauen jegliche Urteilsfähigkeit zu verlieren. Kürzlich berichtete mir eine meiner schwangeren Freundinnen, ihr Arzt habe ihr geraten, bis nach der Geburt auf Sex zu verzichten, weil ihr Baby ungünstig liege. Ihr blieben noch acht Wochen.

„Was heißt ‚Sex'?" fragte sie ihn. Zögernd gab er zu, daß er von Penetration gesprochen hatte. Penetration welcher Art? Dem Arzt fiel es schwer zu begreifen, wie viele verschiedene Arten von Penetration es gibt. Ich stellte mir meine Freundin vor, wie sie ihre Handtasche aufriß, ein halbes Dutzend Dildos verschiedener Größe hervorholte und fragte: „Wäre einer davon in Ordnung, Herr Doktor?"

Obschon es gewisse Bedingungen gibt, unter denen Penetration und sexuelle Stimulation vermieden werden sollten, verordnet die moderne Schulmedizin in ihrem Übereifer grundsätzlich Enthaltsamkeit während eines Großteils der Schwangerschaft, statt zu Maßnahmen zu raten, um sich den großartigen körperlichen Veränderungen anzupassen und sie zu ergründen. Informationen zu Sex und Schwangerschaft müßten das Bedürfnis der Frau nach Intimität und Zuwendung, ihre sich wandelnde Lust und orgasmische Reaktion ebenso berücksichtigen wie die Rolle, die sexuelle Stimulation bei Wehen und Geburt spielt. Während der Schwangerschaft sind die Genitalien stärker durchblutet; sie schwellen an und werden empfindlicher und zarter. Die Vagina ist oft feuchter, und das berühmte gigantische Brustwachstum-Syndrom sorgt für zarte, empfindliche Nipples. Klingt das etwa nicht, als ob eine solche Frau von morgens bis abends Sex haben müßte? Genau.

Aber diese Veränderungen können die schwangere Frau ängstigen, ihre Geliebte abturnen oder aus Unwissenheit, wie diesen neuen Empfindungen Genüge getan werden kann, Frust erzeugen. Genau wie bei allen anderen neuen sexuellen Erfahrungen, egal ob es sich um Sex mit Vibrator oder Latexhandschuhen oder um Sex während des letzten Schwangerschaftsdrittels handelt, scheinen manche Menschen entschlossen, nichts zu ändern und für ihr Vermeidungsverhalten Ausflüchte zu suchen. Doch Sex und Schwangerschaft zu trennen ist eine Tragödie, eine emotionale Trennung von unseren natürlichen Reaktionen. Und es bedeutet, zu ignorieren, daß Sex ein Bestandteil der erfolgreichen Geburtsvorbereitung ist. Orgasmen und Liebesspiele während der Schwangerschaft sind die beste Übung und Geburtsvorbereitung, die du kriegen kannst, und stellen zugleich eine Erfahrung dar, die du noch lange nach dem neunmonatigen Abenteuer zu schätzen wissen wirst.

Ich will euch erzählen, wie die Schwangerschaft meine Libido beeinflußt hat. Meine Klit und meine Lippen wurden dicker und dicker, so daß ich sie spürte, ohne die Beine übereinanderzuschlagen. Ich konnte meine Klit nicht direkt berühren, das war schon zuviel. Ich hatte das Gefühl, ich könnte kommen, wenn jemand sachte mit einer Feder über mich strich, selbst wenn ich drei Paar Slips anhätte. Penetration bekam eine neue Bedeutung, weil die Öffnung meiner Möse viel empfindlicher war und die Wände sich saftiger anfühlten – geschwollen und elastisch zugleich. Meine Brüste waren während der ersten sechs Monate zu empfindlich, um sie zu drücken, aber ich genoß es wie nie zuvor, wenn an meinen Nipples gesaugt wurde. Sie schienen eine Direktleitung zu meiner Möse zu haben. Von der erregenden Vormilch, die vom achten Monat an aus meinen Nipples kam, ganz zu schweigen. Ich wollte sie probieren, wollte, daß alle anderen sie probierten! Ich hatte den Drang, das Fenster aufzureißen und hinauszuschreien: „Seht das Wunder des weiblichen Körpers!" Aber noch habe ich mich nicht in eine Gesundbeterin verwandelt.

Trotz dieser Potenz und Geilheit wurde es immer schwieriger und zeitaufwendiger zu kommen, denn durch diese neuen Empfindungen zu lavieren war völlig ungewohnt. Es fühlte sich einfach so toll an, zärtlich berührt, gestreichelt, geleckt und gefickt zu werden, daß ich in einen genußvollen Trancezustand verfiel und vergaß, auf das große O hinzuarbeiten. Meine Hüften, mein Kreuz und die Innenseiten der Schenkel verspannten sich unter dem Gewicht des Babys dermaßen, daß jede Massage in diesen Bereichen, ob erotisch oder nicht, segensreiche Entspannung brachte.

Zu Anfang meines Geburtsvorbereitungskurses erhielt ich ein Informationsblatt zu einer entbindungsvorbereitenden Übung, die sich Damm-Massage nannte. Meine scherzhaft gemeinte Frage „Darf ich während der letzten Schwangerschaftsmonate gefistet werden?" war hiermit beantwortet. Von wegen Scherz – die Damm-Massage ist dafür gedacht, eine Schwangere mit der Entspannung und Dehnung ihrer „vaginalen Öffnung" vertraut zu machen. Jede Lesbe mit Dreifingertechnik kennt sich längst damit damit aus. Auf dem Blatt stand folgendes:

„Tauchen Sie Ihre Finger in das Öl und reiben Sie es in den Damm und die Vaginalöffnung ... Ihr Partner (sic!) kann seinen Zeigefinger benutzen. Schieben Sie Ihre Finger ganz tief in die Vagina und drücken Sie nach hinten. Üben Sie nur so viel Druck aus, daß die Span-

nung einen leicht stechenden Schmerz bewirkt. Sie werden diesen stechenden Schmerz später wiedererkennen, wenn der Kopf Ihres Babys herauskommt und der Damm sich dadurch dehnt."

Du kannst dieses leicht stechende Gefühl auch als die ekstatische Spannung wiedererkennen, wenn die breiteste Stelle der Hand deiner Partnerin in dich gleitet. Als ich dieses ernstgemeinte Blättchen über die Damm-Massage gelesen hatte, fiel mir auf, daß das Auftauchen des Kopfes eines Babys auch als umgekehrtes Fisten betrachtet werden kann. Zehn Zentimeter sind zehn Zentimeter, egal von wo nach wo. Natürlich sind bei der Geburt eines Kindes mehr Faktoren zu beachten als bei einer durchschnittlichen Sexsession, und ich will euch die Entbindung auch nicht als den ultimativen Sexakt verkaufen, aber in gewisser Hinsicht ist sie das schon. Eine Frau setzt all ihre genitale Entspannungsfähigkeit, ihre Muskeln und ihre sexuelle Energie ein, um ihr Baby herauszubringen. Wenn sie vorher mit Hilfe von Damm-Massagen „übt" und mit diesen sexuellen Empfindungen klarkommt, wird sie ganz genau wissen, was Sache ist, wenn die Ärztin oder die Hebamme „Pressen!" ruft.

Sexuelle Intimität und Entspannung bilden die Grundlage für eine unproblematische Schwangerschaft. Ich spreche nicht von den „drei unterschiedlichen Stellungen, in denen Sie bequem Geschlechtsverkehr haben können." Ich meine das Erforschen des erotischen Potentials, das dein Körper sich nie erträumt hätte. Dich hinzuhocken, dich auf alle viere zu begeben, zu schreien, wenn dir danach ist, und dich so offen wie nie zuvor zu fühlen – wenn das nicht Sex ist, was dann?

Die Geliebten von schwangeren Frauen können all dies miterleben und zugleich ihr Vermögen demonstrieren, einer Frau während einer der potentesten Phasen ihres Lebens das Gefühl zu vermitteln, sexy und begehrenswert zu sein. Also: keine Angst vor dicken Bäuchen! Treib es noch heute mit einer schwangeren Auster. Und vergiß die Damm-Massage nicht!

Hey, leg mich flach!

Na schön, ich bin herausgefordert worden. Neulich abends war ich drüben bei Rita. Es gab Spaghetti und eine Dildoschau. Und Rita verlangte, in meiner Kolumne „Toys for us" zu Wort zu kommen.

„Erzähl deinen Leserinnen, daß, wenn diese faulen Fick-mich-Femmes nicht bald mal aus den Röcken kommen und sich revanchieren, einige von uns Butches sich mit anderen flotten Butches zusammentun und Schwule spielen werden."

Ich wählte meine Worte sorgfältig: „Ich nehme an, du bist eine Weile nicht gefickt worden." Als lesbische Genossin fühlte ich mit ihr. Aber als Femme, die ihre eigenen Ansichten zu diesem Thema pflegt, fühlte ich mich ein kleines bißchen gekränkt.

„Wer sind diese Femmes, von denen du sprichst? Meinst du die Zwanzigjährigen, die im Sommer ihr Coming-out hatten und noch keinen blassen Schimmer haben, wie sie Hand anlegen sollen?"

Mir war aufgefallen, daß Rita eine Schwäche für die Softball-Häschen der Saison hegte. Aber sie blieb dabei, daß das Problem nicht allein in der Unerfahrenheit läge. Also mußte ich tiefer graben.

„Was du da sagst, macht mir eine Gänsehaut. Ich frage mich, ob ich eine der Femmes sein könnte, von denen du redest. Ich bin schon mit Butches zusammengewesen, die genau wie du sagten, daß sie gern gefickt würden. Genauer gesagt lechzten sie danach. Aber zu versuchen, sie flachzulegen, ist ein Kampf ohne Ende. Sie wagen nicht zu zeigen, was sie wollen, geschweige denn, es auszusprechen, und ihre Vorstellung von erotischem

Feedback beschränkt sich darauf, ‚Halt! Du machst das ganz falsch!' zu bellen. Keine anständige Femme würde sich jemals so benehmen. Und – hier kommt meine Lieblingsklage – was ist von einer Geliebten zu halten, die zugibt, daß sie Orgasmen hortet, um sie den Femmes darzubieten, die sie mit raffinierter Schliche dazu kriegen, ihre Beine breitzumachen? Also, ich habe keine Lust auf Zauberstückchen, und ich werde den Teufel tun, den ‚kostbaren Orgasmus' einer Butch wie das Ei der goldenen Gans zu behandeln."

Rita packte mich fest am Arm, während sie widersprach: „Du weißt, ich rede nicht von dir. Und ich kenne keine Butches, wie du sie beschreibst."

Wir waren in einer vertrauten Pattsituation. Wenn die eine fickt und die andere nicht, ist das ein ernstes Problem. Ich war mir nicht sicher, inwieweit das mit Butch-Femme-Konstellationen zusammenhängen könnte. Ich beschloß, einige meiner Butch-Freundinnen zu fragen, ob sie Rita zustimmten.

„Es gibt keine Femme, die einfach nur daliegt", meinte Cherry. „Wenn sie wirklich daläge wie ein Brett, könnte sie auch gleich aufstehen und etwas anderes tun. Ich meine, entweder du hast Sex oder du hast keinen."

„Wenn die Leute sagen, ‚sie lag einfach nur da', wollen sie bloß vertuschen, daß sie selbst unfähig sind, zu sagen, was sie wollen. Das klingt nach Heteros, die eine Frau als frigide abtun – es schließt automatisch jede Möglichkeit aus, sich miteinander zu verständigen."

Meine Freundin Marie ließ außerdem durchblicken, daß die Butch teils schuld sei. „Butch/Femme hat für mich mit Zugänglichkeit zu tun. Die Femme öffnet sich für die Butch, und die Butch rückt ihr zu Leibe, um sie zu nehmen. Genau das turnt mich an. Aber das heißt nicht, daß bei der Butch nichts abgeht. Ich will jedesmal kommen. Mein Butch-Sein steht nicht zwischen mir und meinem Orgasmus."

„Ich halte es für ein Generationsproblem", erklärte Karen, eine Freundin, die einer Diskussionsgruppe von Butches angehört. „Einmal kam diese zwanzigjährige Punk-Nummer zur Gruppe und sagte: ‚Was soll dieser ganze Stone-Butch-Scheiß? Vergeßt diesen Kram und kriegt endlich Orgasmen!' Also die älteren unter uns sprangen ihr an die Kehle – es war, als ob sie überhaupt keinen Respekt vor uns und unserer Geschichte hatte."

Meine kurze Umfrage bestätigte die Ansicht, daß Stone-Butches in der heutigen Lesbenszene keine Rolle mehr spielen. Die Vorstellung, daß eine Butch ständig ihre Femme fickt und befriedigt, selbst aber nichts abkriegt, ist romantische Scheiße, aber nichtsdestotrotz Scheiße. Es ist eine Zweierkiste voller Ablehnung und Schuldgefühle. Orgasmen tun der Maskulinität einer Butch keinen Abbruch.

Was aber immer noch eine große Rolle spielt und wessen sich nur wenige brüsten können, ist, stets zu wissen, wie sie eine Frau befriedigen können oder wie sie zur Sache kommen.

„Meine erste Femme mußte mir beibringen, wie ich die Initiative ergreife", gestand Cherry. „Da war ich nun mit all meinem heißen Begehren, mit dem ich nichts anzufangen wußte, weil meine vorherigen Geliebten alles für mich übernommen hatten. Dann traf ich Cheryl. Unsere sexuelle Wellenlänge bestand darin, daß sie sich so weit zurücksinken ließ, daß es so aussah, als ob ich die Aktive wäre, wenn ich schließlich auf sie drauf fiel. So habe ich gelernt, butch zu sein."

„Butches haben diesen Butch-Stolz", erklärte meine Freundin Marnie. „Nach dem Motto: ‚Ich weiß, daß ich gut bin, und ich mach alles, was du brauchst, um zum Ziel zu kommen, und wenn es die ganze Nacht dauert!' Eine Femme zu finden, die eine vergleichbare Begeisterung und Entschlossenheit aufbringt, ist ein Hauptgewinn."

Ich schüttelte verzweifelt den Kopf. „Aber ich will mich nicht die ganze Nacht von einer Egomanin ficken lassen!" erwiderte ich. „Es gibt einen Unterschied zwischen Begeisterung und Arroganz. Eine Menge erfahrene Femmes verstehen sich darauf, ihre Butches flachzulegen. Willst du behaupten, das sei ein Pflichtfach für Butches und bloß ein Wahlfach für Femmes? Das bestätigt wieder das Vorurteil, daß Femmes nichts können. Vielleicht sind wir einfach nur bescheidener ..."

Ja, ich habe diese letzte Bemerkung hinzugefügt, nur um sie zu ärgern. Aber je mehr ich über das Thema diskutierte, desto klarer wurde mir, daß das kein Wettstreit zwischen Butches und Femmes ist, sondern ein Frauenleiden. Männer sind uns eine ganze Pubertät weit voraus, in der sie den Rollenerwartungen entsprechend gelernt haben, beim Sex die Initiative zu ergreifen, diejenigen zu sein, die wissen, wie's geht, und dich zum Orgasmus bringen. Na ja, vielleicht sind sie nicht so erfolgreich, aber das Trainingsprogramm haben sie absolviert, geübt haben sie. Wenn eine Frau lernt, sexuell aktiv zu sein, nennt man sie entweder Hure ... oder Lesbe. Und unter Lesben heißt sie vielleicht Butch, selbst wenn sie ebenso wild darauf ist, die Beine breit zu machen, wie Frau Straps von nebenan. Begreift das, es ist eine reine Frauensache. Schwule Männer kennen das Problem nicht.

Die Identität der echten Butch hat viel mehr mit „genderfuck" zu tun, als mit „wer fickt wen?". Oder, wie eine Butch-Freundin es ausdrückte: „Seit neustem wollen all meine Femmes, daß ich Reizwäsche trage."

„Und wie fühlst du dich dabei?" fragte ich.

„Teuflisch andersrum", antwortete sie, „wie eine Tunte. Aber sie wissen ja, was sie im Gegenzug dafür kriegen."

Seht ihr, was ich meine? Selbstvertrauen. Jede Frau kann eine kleine erotische Dosis davon gebrauchen. Schneidet euch vom anderen Geschlecht eine Scheibe ab, aber übertreibt es nicht!

Leck mich doch ...!

In den sieben Jahren, in denen ich über lesbischen Sex geschrieben habe, habe ich dem Oralsex nie einen Essay gewidmet. Obskuren Sexspielzeugen schon, ebenso der Geburtshilfe, aber niemals dem Cunnilingus. Wie läßt sich dieses unbeleckte Schweigen begründen? Ich will es euch buchstabieren: S-T-E-R-E-O-T-Y-P. Im Bewußtsein der Öffentlichkeit werden Lesben auf sexlose Schrullen und Wohltäterinnen reduziert – abgesehen von einer kitzeligen Kleinigkeit: Wir besitzen den Ruf, exzellent Mösen zu schlecken. Es heißt, wir beherrschten das Geheimnis von Zunge-auf-Klit auf eine Weise, die Heteromänner nur offen staunen läßt. Unsere Sex-Sessions stellen sie sich als lange, luxuriöse Zungenbäder vor, die multiple Orgasmen produzieren, während im Hintergrund kleine Glöckchen läuten. Ihr wißt, was ich von diesem Geklingel halte – ich würde lieber einige Mösen rasseln lassen.

Meine bewußt schroffe Abfertigung des lesbischen Oralsex ist als politische Strategie zu verstehen. Ich möchte auf diese Weise die allgemein herrschende Vorstellung, was lesbischer Sex ist, erweitern. Das hat nichts mit meinem persönlichen Geschmack zu tun. Ich bin schon bis zur himmlischsten Unterwerfung geleckt worden und habe nach Herzenslust an den Klits anderer gesaugt. Aber es bedurfte eines willkommenen Schocks für mein Glaubenssystem, damit ich kapierte, daß das Stereotyp der lesbischen Oralexpertin gar nicht so felsenfest verankert ist, wie ich gedacht hatte. Ich mußte zu meinem Entsetzen feststellen, daß diese lesbischste aller Praktiken, die völlig dem Vergnügen und nicht der Fortpflanzung dient, in Gefahr ist, zum Spezialgebiet von Heteromännern zu werden. Göttin, steh mir bei!

Vorigen Monat war ich auf der jährlichen Pornomesse in Las Vegas. Das ist immer eine hervorragende Gelegenheit, mich mit meinen Lieblings-Pornostars zu treffen. Die Sexvideo-Darstellerin Jeanna Fine, seit fünf Jahren Leserin von *On Our Backs,* jammerte mir die Ohren voll, welch große Schwierigkeiten sie habe, scharfe Geliebte zu finden. Diese Frau hat garantiert mehr Sex mit Frauen praktiziert als die durchschnittliche Lesbe, und dennoch klagte sie, daß sie so selten eine Frau fände, die sie tatsächlich und ernsthaft an ihr zur Sache gehen wolle. Es gäbe eine Menge schmachtendes Augenverdrehen und schüchterne Zärtlichkeit, sagte sie, aber kaum echte Orgasmusentwicklung. Ich nickte und dachte bei mir, ich kenne das Gefühl, wählerisch zu sein, als sie mir den großen Schlag versetzte.

„Kürzlich habe ich mit Samantha Soundso einen Film gedreht", sagte Jeanna. „Sie konnte fast so gut lecken wie ein Mann."

So gut wie ein WAS? Ich griff nach ihrer Hand, und sie bemerkte meine Ungläubigkeit.

„Na ja, die meisten sind einfach zimperlich, weißt du. Sie sind nicht so wie die Frauen in *On Our Backs.*"

Okay, vielleicht leidet das Pornogeschäft neben all seinen anderen Nöten unter einer solchen Fluktuation, daß heterosexuelle Starlets nie lange genug dabeibleiben, um angelernt zu werden und ihre Homophobie zu überwinden. Aber ich glaube, daß diese Einschätzung auch außerhalb des Pornobusiness Zustimmung finden wird. Sie weist insofern ein Körnchen Wahrheit auf, als wir es nicht automatisch lieben, Mösen zu lecken, nur weil wir selbst eine besitzen. Wir müssen den erzieherischen Grundsatz unserer Kindheit überwinden, der da hieß: Genitalien sind bestenfalls geheimnisvoll und schlimmstenfalls abstoßend. Wir sind einen ganz schön großen Schritt weiter, wenn wir erst einmal den Geruch und den Geschmack von Pussy – unserer eigenen oder der anderer – genießen.

Pussylecken ist eine aggressive, bewußt ausgeführte und beharrliche Praktik – alles Eigenschaften, die Frauen durchaus haben, die aber meistens Männern zugeschrieben werden. Geleckt zu werden ist keine Bilderbuch-Romanze. Du wirst nicht in den Armen gehalten, niemand blickt dir tief in die Augen. Der Blick gräbt sich in deine Möse, die Arme werden gebraucht, um deine Schenkel zu spreizen. Als meine ersten Geliebten mich leckten, fühlte ich mich unbehaglich und befangen. Ich dachte, wenn ich ein paarmal mit den Augen klimperte und einige stöhnende Seufzer hauchte, würden sie wieder zu mir ans Kopfende des Bettes kommen. Entschlossene Cunnilinguistinnen lehrten mich eine andere Lektion. Sie ließen sich weder etwas vormachen, noch konnte ich mich entziehen. Entweder ich ritt auf ihren Mündern, schlug alle Hemmungen in den Wind, bis ich schamlos und an ihren Haaren zerrend kam, oder sie wußten, daß ich sie zu täuschen versuchte. Auf diese Weise entwickelte ich Respekt vor Oralsex – nicht als seichte Vorspielerei oder als Geste in Richtung sexueller Vielfalt, sondern als mösen- und bewußtseinsstärkenden Akt.

Worin besteht nun der Unterschied zwischen Frauen und Männern, was die Kunst des Leckens angeht? Ähnlich wie bei anderen körperlichen Vergleichen, die zwischen Frauen und Männern angestellt wurden, würde ich sagen, daß Männer die Technik genausogut hinkriegen können wie Frauen. Doch was das Durchhaltevermögen betrifft ... gewinnen eindeutig die Frauen. Beim Martini im persischen Restaurant *Aub Zam Zam* gestand mir meine Lieblingsfotografin für *On Our Backs:* „Pussy zu lecken ist für mich wie ein Traum – und ich möchte nie, daß er aufhört."

Ich möchte den technischen Aspekt an dieser Stelle nicht vernachlässigen. Ich habe in der Tat eine neue Theorie zur Zungentechnik, die ich mit meiner Freundin Linda Shirley aus Portland, Oregon, diskutiert habe. Beziehungsweise mit der „Magischen

Zunge Linda Shirley", wie sie in diesem Zusammenhang genannt werden möchte.

„Ich meine, es wird zuviel Aufhebens darum gemacht, daß du genau den richtigen Quadratmillimeter der Möse deiner Freundin leckst", sagte ich zu ihr. „Wenn du fünfzehn Minuten mit Verkehrsregelung zubringst – ein bißchen mehr links, nein, höher, nein, nicht so fest, Kinn hoch, Nase nach vorn –, verschwendest du meines Erachtens deinen Atem. Erfolgreiches Lecken beruht auf Wiederholung, aus der unablässig gleichen Bewegung."

„Ich würde es lieber Rhythmus nennen", sagte Linda.

„Schön", erwiderte ich, „und die einzig wahre Herausforderung, mit der du beim Lecken konfrontiert bist, ist der Zeitpunkt, wenn sich deine Geliebte dem Orgasmus nähert. Ihre harte Klit zieht sich zurück. Jetzt mußt du den Druck erhöhen." Ich ziehe es vor, mich in die richtige Stellung zu schlängeln und es mir machen zu lassen, bis es klickt, statt ausführliche Wegbeschreibungen zu geben.

Linda flehte mich an, nicht zu verallgemeinern. Sie machte mir sogar ein Angebot. „Also gut, ich lecke dich drei Stunden lang an der falschen Stelle, und wir werden sehen, ob du kommst." Sie beharrte darauf, daß es unerläßlich sei, zu wissen, wie es deine Geliebte mag, egal, wie es dir mitgeteilt wird.

Ich muß sagen, ihre Ansicht wie auch ihr Angebot verlockten mich. Ich ließ sie wissen, daß ich lieber geleckt als gesaugt werde, weil mir klar wurde, daß ich einen dreistündigen „Blow-job" nicht ertragen würde. Linda hinterließ bei mir die Erkenntnis, daß Geduld notwendig, Gespür aber unentbehrlich ist.

Ganz abgesehen von technischen Aspekten hat Oralsex einen schlechten Ruf als Vanilla- oder Blümchensex bekommen. Doch das gute alte „Runter auf die Knie und mach's mir" ist die beliebteste dominant-submissive Betätigung, die es gibt. Sie lebt von der Leidenschaft, nicht davon, daß zwei zur selben Zeit mit gleicher Geschwindigkeit das gleiche aneinander machen. Oralsex ist ein schönes Beispiel für nicht-gleichberechtigte Sexpraktiken und bestens geeignet für S/M-Szenarios beider Konstellationen. Verschwendet nicht meine Zeit mit der Diskussion über 69. Die meisten Menschen, die versuchen, auf deinem Gesicht zu sitzen, während sie dabei sind, dich von oben nach unten zu lecken, wollen bloß angeben. Ich kann ganz gut ohne Akrobatik und Doppeldildos leben – vielen Dank!

Es ist ein aufregendes Gefühl, wenn dir eine Frau ihre Lippen, ihren Mund widmet. Es ist wie ein Geschenk, wenn du nach deinem Orgasmus nach ihrer Möse faßt und spürst, wie naß es sie gemacht hat, dich zu befriedigen. Wir lecken einander im Stehen oder vornübergebeugt, die Arme festgehalten, oder während uns gleichzeitig Finger ficken, in Reizwäsche oder Boxershorts, mit angehaltenem Atem oder hemmungslosem Schreien. Wenn ich im Mund einer Frau gekommen bin, fühle ich mich oft hin- und hergerissen zwischen dem Wunsch, mich vor ihr zu verneigen oder ihr eine zu scheuern. Mir tun all die kleinen Porno-Starlets leid, die lesbische Szenen spielen und Angst haben vor dem, was zwischen ihren Beinen liegt. Heteras geraten nämlich ins Zweifeln, wenn eine geübte Lesbe zum erstenmal ihre Klit zwischen den Lippen hält, und für viele experimentierfreudige Lesben ist unser Mund der Ort, wo das Abenteuer beginnt.

Geburtstag à la O

„... eine glückliche Gefangene, der alles auferlegt und die um nichts gebeten wurde."

Die Geschichte der O

Für meinen dreißigsten Geburtstag hatte ich große Partypläne geschmiedet. Angeregt durch die Fernsehserie *Reich und schön* wollte ich die Karriereerwartungen der Generation X, der MittdreißigerInnen, durch den Kakao ziehen, indem ich zu einem Gelage unter dem Motto „Ekelhaft reich und scheußlich schön" lud, bei dem ich mit einer Diamanttiara geschmückt den Vorsitz über mein fürstliches Älterwerden führte.

Aber meine Pläne wurden durchkreuzt. Ich trug keine Diamanttiara. Eigentlich trug ich an meinem Geburtstag überhaupt sehr wenig. Zwei Tage zuvor nämlich bat mich meine Geliebte, Honey Lee, ob wir den Tag nicht ganz unter uns begehen könnten. Sie hätte sich eine kleine Überraschung ausgedacht. Nun sind Überraschungen nicht gerade Honeys Stärke, aber da wir inzwischen schon sechs Jahre zusammen waren, fand ich, ich könnte ihr zuliebe ein kleines Wagnis eingehen.

„Okay", antwortete ich, „ich fände es schön, den Tag mit dir zu verbringen. Sag mir, was ich anziehen soll." Diese Bitte entpuppte sich als der Schlüssel zu Honeys Geheimnis.

„Nichts. Überhaupt nichts", antwortete sie. „Du mußt nur morgens aufwachen und zu allem bereit sein."

25. März. Ich schlug die Augen auf, hüllte mich in meinen plüschigen lila Bademantel und setzte Wasser auf. Honey Lee

schien es nicht besonders eilig zu haben, doch ich zog keine voreiligen Schlüsse.

„Um zehn kommen ein paar Gäste", verkündete sie.

Ich nippte an meinem Tee und malte mir aus, was wohl auf mich zukommen könnte. Zwei Wochen zuvor hatte ich Honeys Einkäufe weggeräumt und war dabei auf eine neue Taschenbuchausgabe von *Die Geschichte der O* gestoßen. Was ihre Sexphantasien betraf, konnte Honey Lee Pauline Réages klassischem SM-Roman in jeder Hinsicht das Wasser reichen, aber sie beschränkte sich auf das Reich der Tagträume, ohne sie je auszuleben. Honey hatte mich noch nie gefesselt oder verhauen. Sie meinte, in der Realität würde ihr von solchen Dingen schlecht. Wollte sie gar am Ende meines dritten Lebensjahrzehnts eine Wende um hundertachtzig Grad vollziehen?

Ich vernahm schwere Schritte vor der Wohnungstür. Und welche unserer Freundinnen war so groß, daß sie sich den Kopf am Türrahmen stieß? Doch vor mir stand keine Lesbe. Statt dessen sah ich mich einem Zwei-Meter-Mann gegenüber – mit Yul-Brynner-Glatze und einem riesigen Holztisch vor der Brust.

„Darf ich dir deinen Masseur vorstellen – Patrick. Er wird die nächsten zwei Stunden mit dir verbringen", verkündete Honey Lee. „Ich komme wieder, wenn er mit dir fertig ist."

Mir verschlug es die Sprache. Sie wollte mich mit diesem Riesen allein lassen? Patrick baute seinen Massagetisch auf und warf ein Flannellaken darüber. Ich schlüpfte aus meinem Bademantel und dachte: „Na, dann mal los!" Wenn Honey Lee mich auf etwas vorbereiten wollte, brauchte ich garantiert die vollen zwei Stunden Massage.

Der Masseur behandelte jede Partie meines Körpers und ließ auch nicht den kleinsten Muskel aus. Er wusch meine Füße, bürstete mein Haar und knetete und walkte mich durch, bis ich wie auf Wolken schwebte. Als Honey Lee zurückkehrte, fühlte sich mein Gesicht an wie das eines Babys, und ich konnte nur noch ein Dankeschön murmeln. Als sie mir eine Tasse Tee reichte, klingelte es erneut an der Tür.

„Deine Garderobiere ist da."

Herein trat ein blondgelockter Engel. Meine Freundin Debi, die als Stripperin arbeitet. Sie trug eines ihrer ausgefallendsten Kostüme, weiße Satindessous mit Perlen, und war von oben bis unten in einen durchsichtigen Schleier gehüllt. Doch die Kleider, die sie für mich mitgebracht hatte, übertrafen noch ihr eigenes unerhörtes Outfit.

Als erstes schnürte sie meine Taille in eine enge Ledercorsage, bis ich wie eine Sanduhr aussah. Dann hieß sie mich schwarze Seidenstrümpfe anziehen und schminkte mir meine Nipples rot. Honey Lee holte ein schwarzes Kleid aus Satin und Tüll hervor, das meine Brüste zur Schau stellte, meine Hüften und Oberschenkel aber verbarg. Die Spitzenränder meiner Strümpfe blitzten nur knapp über den Rand der schenkelhohen Stiefel mit Stiletto-Absätzen, die mir gereicht worden waren. Debi legte mein Haar in Wellen und schminkte meinen Mund mit demselben Lippenstift, mit dem sie schon meine Nipples verziert hatte. Welch vollendete Schönheit! Als sie mit mir fertig war, fiel mir angesichts meines Körpers nicht die kleinste Mäkelei ein. Ich sah in den Spiegel und erblickte Madame Venus.

Honey griff einige Päckchen und schickte sich an, zum Auto zu gehen. „Ich kann unmöglich so vor die Tür gehen!" protestierte ich. Aber Debi hatte selbst daran gedacht. Schon wickelte sie mich in ihren scharzen Lack-Trenchcoat. Nun fühlte ich mich wie eine Sexsklavin in Emma-Peel-Verpackung.

Debi küßte mich und gab mir einen letzten gutgemeinten Ratschlag. „Von jetzt an wirst du schweigen müssen", sagte sie. „Alles, was du Honey Lee oder mir noch zu sagen hast, solltest du jetzt sagen."

Ich weiß nicht warum, aber ich brach in Tränen aus. „Ich liebe euch so sehr ... und ich fürchte mich ein bißchen vor dem, was ihr geplant habt ... und ... ich weiß nicht, ob ich den Mund halten kann", gestand ich.

Honey nahm mein Gesicht in ihre Hände. „Einige Abschnitte des heutigen Tages werden dir möglicherweise hart zusetzen, Susie, aber ich glaube nicht, daß du es bereuen wirst. Vertraust du mir?"

Ich nickte, aber mein Herz schlug einen dreifachen Salto. Ich phantasiere immer über Unterwerfung, aber in Wirklichkeit bin ich ein fanatischer Kontrollfreak. Ich haßte sie dafür, mich einer solchen Prüfung auszusetzen, und ich konnte kaum glauben, welchen Aufwand sie zu deren Vorbereitung betrieben hatte.

Obwohl es mir eben noch schwergefallen war, mir vorzustellen, meine Lippen seien versiegelt, wollte ich nun gar nichts mehr sagen. Honey Lee begleitete mich zum Auto. Debi, immer noch in BH und G-String, brauste in ihrem Saab davon.

Es gab nur wenige Freundschaften und Geheimnisse, die Honey Lee und ich nicht teilten, und ich kenne mich in der Stadt viel besser aus als sie. Als wir eine halbe Stunde lang herumgekurvt waren, nur um schließlich in einer der übelsten Gegenden der Stadt zu landen, war ich mir sicher, daß sie sich verfahren hatte. Und das war nun wirklich die einzige Folter, die ich nicht ausstehen kann. Ich wollte gerade das mir auferlegte Schweigen brechen und sie bitten, mich ans Steuer zu lassen, als sie zielstrebig einparkte. „Wir sind da!" grinste sie.

Na großartig. Sollte ich etwa bis zur nächsten Ecke Pirouetten drehen, um mich dort vergewaltigen zu lassen? Aber Honey Lee führte mich zu den ausgetretenen Stufen des viktorianischen Hauses, das vor uns aufragte. Sie klingelte, der Summer ertönte, und Honey hieß mich vorangehen – in den zweiten Stock.

Die Tür am Ende des Flurs öffnete sich, und mir blieb der Mund offenstehen. Wir wurden von einem Mitglied des San Francisco Police Department empfangen – in voller Uniform! Ich erkannte in ihr eine der Polizistinnen wieder, die in der Umgebung meines Büros arbeiteten, hatte aber noch nie mehr als einen Gruß mit ihr gewechselt. Honey Lee und sie schüttelten sich die Hände, als wären sie die dicksten Freundinnen.

„Kelly, wie geht es dir?" begann Honey das Gespräch.

„Ich wollte gerade los zum Dienst. Ich muß nur noch meine Stiefel wienern."

„Welch ein Zufall", entgegnete Honey. Beide sprachen wie Roboter. „Rein zufällig habe ich mein Schuhputzzeug dabei. Ich glaube, Susie würde deine Stiefel gern auf Hochglanz bringen."

Ich brach mein Schweigen. „Ich weiß gar nicht mehr, wie man das macht."

Honey schnaubte. „Schäm dich! Wir werden es dir schon wieder beibringen."

Honey reichte mir einen Schuhputzkasten mit all den nötigen Utensilien. In einer Ecke klebte ein kleiner Notizzettel, auf dem zu lesen war: „Ich komme wieder, um dich abzuholen. Gib dein Bestes! In Liebe, René."

In der *Geschichte der O* stellt René den Liebhaber dar, der von O als Beweis für ihre Liebe und ihren Gehorsam verlangt, sich anderen Männern zu unterwerfen. Meine Vorahnungen bewahrheiteten sich allem Anschein nach.

Kelly führte mich in ihr Schlafzimmer. Sie hatte zwei junge Leute zu Besuch, eine Frau und einen Mann, die mich von oben bis unten musterten. „Dürfen wir zusehen?"

Kelly nickte zustimmend. Ich kramte die schwarze Schuhcreme hervor und versuchte mich zu erinnern, zu welchem Zeitpunkt die Spucke dazukam. Kelly stellte sich als sehr geduldig heraus. Tatsächlich hatte ich ein Schmusekätzchen von Polizistin vor mir. Sie merkte, daß ich immer wieder zu ihrem Pistolenhalfter aufschaute, und nachdem ich ihren robusten Dienststiefeln zu größtmöglichem Glanz verholfen hatte, zog sie mich hoch und fragte: „Willst du meinen Gürtel mal anprobieren?" Sie entleerte das Magazin ihres Revolvers und zeigte mir, wo

Munition, Schlagstock, Handschellen und Taschenlampe verstaut waren. Sie schlang das Ding um meine Hüften. Alles in allem muß es an die dreißig Pfund gewogen haben.

„Wie bringst du es bloß fertig, damit böse Jungs zu jagen?" Ich brach noch einmal das Schweigegebot, aber Honey war ja nicht in der Nähe, um mich zu überwachen.

„Ich habe keine Lust zu sterben", antwortete sie. Sie zog es vor, im Dienst stets unter einer kugelsicheren Weste zu schwitzen.

„Honey Lee wird jeden Moment zurückkommen", sagte ich, während ich mein ursprüngliches Kostüm wieder zurechtzupfte. „Du erzählst ihr besser nicht, daß ich geredet habe."

Kelly lieferte mich mit besten Empfehlungen und ohne zu petzen bei Honey Lee ab. Dann fuhr Honey Lee uns über die Hügel in ein Viertel, das als Yuppie-Paradies gilt.

„Jetzt kommt der härteste Teil", sagte sie. „Möglicherweise wird er für mich schlimmer als für dich." Wir näherten uns der Wohnung unserer Freundin Coral.

Coral würde ich als eine SM-Gourmette bezeichnen. Ihr Zuhause ist ganz auf Sexspiele zugeschnitten. Ihre Sammlung an Sexspielzeugen, insbesondere Peitschen, würde einem Museum alle Ehre machen. Honey Lee und ich haben es immer genossen, mit Coral über Sex, Schmerz und Lust zu reden, aber wir haben uns immer nur auf theoretischer Ebene damit befaßt und sind nie zur Praxis übergegangen. Ich fragte mich, welche Art von Menü Coral für mich zusammengestellt haben mochte, denn wenn ich weiterhin die O war, würde sie als Sadistin auftreten müssen, und das, so wußte ich, wäre ein Rollentausch für sie.

Ich hätte mir denken können, daß Coral den Schmerz und die Lust, die sie sich selbst gern bereiten läßt, ebensogut austeilen konnte. Sie ließ uns in den unteren Bereich ihres Penthouse eintreten, wobei sie ein Maß an Autorität und Gemeinheit ausstrahlte, das ich niemals zuvor an ihr wahrgenommen hatte.

„Natürlich ist das hier für mich sehr ungewöhnlich", gab sie zu, „aber ich mache gern Ausnahmen für besondere Schönheiten und für Novizinnen."

Sie und Honey Lee nahmen mich mit ins Schlafzimmer und wiesen mich an, das Gesicht zum Fenster zu drehen, während sie darüber sprachen, was mit mir geschehen sollte. Trotzig drehte ich mich um.

„Hör mal, Coral, warum tauschen wir nicht einfach die Rollen, und ich lege dich ordentlich übers Knie? Eigentlich sollte ich euch beiden eine dafür kleben, daß ihr mich so erniedrigt."

Die beiden konnten meine Dreistigkeit nicht fassen. „Das macht auf der Stelle zehn Schläge extra!" fauchte Honey Lee.

„Mit dem Rohrstock", fügte Coral hinzu.

„Mit einem Rohrstock! Aber ich bin noch nie im Leben auch nur mit dem Staubtuch geschlagen worden!" rief ich.

Corals Augen nahmen plötzlich einen verdächtigen Glanz an. O ja, ich war für sie eine Novizin! Eine masochistische Jungfrau. Die beiden befahlen mir, mich auszuziehen, ein Kleidungsstück nach dem anderen, und in äußerst erniedrigender Weise für sie zu posieren. Ich beugte mich in meinen Lederstiefeln vornüber und fuhr mit dem Finger über die Stelle zwischen meinem Arschloch und meiner Möse. Ich ließ die Perlenkette zwischen meinen Beinen hin- und hergleiten. Mutig drohte ich ihnen: „Nur zu, ihr Arschgeigen, wenn das hier vorbei ist, zahle ich es euch doppelt und dreifach heim!" Schließlich war ich fast nackt, bis auf die Strümpfe, das Korsett und Mutters Straßkette.

Coral befahl mich zu sich, während sie eine kleine schwarzrote Lederpeitsche aus der Hüfttasche zog. „Ich werde dir den Griff reichen, und wenn du sie mir zurückgibst, heißt das, daß du meine Autorität anerkennst."

Ich ließ mir reichlich Zeit mit dem Zurückgeben. Auf der ganzen Welt gibt es niemanden außer Coral, bei der ich es auch nur im entferntesten in Erwägung gezogen hätte, mich schlagen zu lassen. Ich vertraute Corals Sensibilität und ihrem Können, aber ich wußte einfach nicht, welche Reaktion der Schmerz bei mir auslösen würde.

Honey Lee schien meine Gedanken zu lesen. „Tu es für mich, Susie", bat sie und küßte mich auf den Mund und das Haar. Sie schlüpfte in ihre Jacke.

Ich fing an zu weinen. „Heißt das, daß du nicht hierbleibst?" schluchzte ich.

„Ja, aber ich werde in der Nähe bleiben", versprach sie.

Ich sah, daß es ihr diesmal schwerer fiel zu gehen, und mir leuchtete nicht ein, warum das sein mußte.

Coral bedeutete mir, mich bäuchlings auf dem Bett auszustrecken, und legte meinen Handgelenken und Knöcheln dicke fellgefütterte Lederfesseln an. Sie wurden mit Ketten an Ringschrauben im Boden befestigt. Ich konnte mich überhaupt nicht mehr rühren. Ich flatterte einen Moment vor Panik. Obwohl nur noch wir beide uns im Zimmer befanden, schämte ich mich mehr denn je zuvor und vergrub meinen Kopf im Laken. Ich wollte nicht sehen, was auf mich zukam.

Etwas Rauhes, Dickes strich über meinen Rücken. Es war ein Pferdeschweif! Coral ließ ihn zuerst sanft über meinen Hintern gleiten und versetzte mir dann einen leichten Schlag. Es stach nur ein bißchen, und bevor ich den Schmerz registriert hatte, spürte ich einen weiteren zärtlichen Schlag auf derselben Stelle. Der Schweif fühlte sich ganz unterschiedlich an, je nachdem wie sie mich damit berührte.

„Schau dir an, was du als nächstes zur Auswahl hast", sagte Coral. Vor meiner Nase lagen fünf Peitschen: eine geknotete, eine dicke mit vielen Streifen, eine Reitgerte, eine Klatsche und ein Rohrstock, wie ihn Schwester Teresa in der fünften Klasse immer benutzt hatte. Ich hatte mich früher als Streberin hervorgetan und den Rohrstock daher nie zu spüren gekriegt. Jetzt stieg das perverse Verlangen in mir auf, damit verhauen zu werden. „Ich will alles ausprobieren", sagte ich, „aber steigere es langsam bis zum Härtesten."

Und wie Coral es steigerte! Sie wechselte von einer Peitsche zur nächsten, strich mit jeder zuerst über meine Arschbacken, damit ich die jeweilige Beschaffenheit einschätzen konnte. Darauf folgten schnelle, leichte Schläge, und schließlich schlug sie härter zu. Sie schob ihre Hand unter mich und drückte meine Klit zwischen ihren Fingern. Das kam so gut, daß ich fast meine Fesseln sprengte.

„Du machst mich rasend!" schrie ich.

Woraufhin sie natürlich lachen mußte. Inzwischen war mein Hintern schon gut gerötet. Die Gerte, die sie jetzt benutzte, hatte mit dem ersten Pferdeschweif nicht mehr viel gemeinsam. Sie brannte wie Feuer. Ich hatte das Gefühl, als würde mein Unterleib ein Eigenleben führen. Als Coral nach meiner Möse faßte und ihre Fingerknöchel in mich hineindrückte, stöhnte ich auf und ließ die härtesten Schläge über mich ergehen. Nur dadurch, daß sie mich fickte, wurde der Schmerz erträglich.

Ich mußte um eine Pause bitten. Die Tränen liefen mir nur so übers Gesicht, aber mein Kopf war ganz klar. „Coral, wie soll ich diesen Schmerz bloß ertragen? Er ist so intensiv. Ich weiß gar nicht, wie ich damit klarkommen soll."

Sie strich mir die Haare aus der Stirn und half mir dabei, mir die Nase zu putzen. „Du kannst es auf verschiedene Weise betrachten. Wenn ich mich schlagen lasse, stelle ich mir gern vor, daß ich es verdiene, bestraft zu werden."

„Das kann ich nicht!" schluchzte ich. „Ich habe genau das Gegenteil gedacht ... daß ich das nicht verdient habe! Ich habe doch nichts Schlimmes getan."

„Du könntest es für Honey Lee ertragen. Ich weiß, daß ihr das gefallen würde."

„So würde die O damit umgehen, aber dafür bin ich viel zu egoistisch."

„Dann tu's eben für dich. Viele genießen die Intensität des Schmerzes, indem sie sie auf ihre Klit oder ihre Nipples übertragen."

„Möglich. Wenn du meine Klit reibst und mich fickst, kann ich der Peitsche wenigstens ein bißchen was abgewinnen, weil meine Möse den Schmerz direkt aufsaugt."

Ende der Pause. Der Rohrstock, dieses ein Meter fünfzig lange Bambusteil, stand noch immer in der Ecke. Ich konnte mir beim besten Willen nicht vorstellen, wie dieses Ding irgendeinem meiner Körperteile eine erotische Reaktion entlocken sollte.

Coral fuhr mit den Fingern leicht über eine sternförmige Strieme auf meiner linken Arschbacke. Die Stelle pochte. Sie griff nach dem Rohrstock und zog ihn der Länge nach durch meine Arschritze. Er fühlte sich hart und unnachgiebig an. Er schnitt fauchend durch die Luft. Als er auf meinem Hintern landete, wurden meine Beine zu Götterspeise, und zum ersten Mal schrie ich aus vollem Hals. Ich schrie so laut, daß ich vor mir selbst erschrak. Noch einmal traf der Stock, und ich schrie mir die Seele aus dem Leib.

„Coral, bitte, bitte, ich kann nicht mehr, bitte, o Göttin, ich kann nicht mehr!"

Vielleicht waren das meine Worte, ich weiß es nicht. Ich erinnere mich nur, um Gnade gefleht zu haben. Coral hörte sofort auf. Meine Grenze war erreicht. Sie bestand nicht darauf, die Strafe, die sie mir vorher für meine vorwitzigen Bemerkungen angedroht hatte, zu Ende zu vollziehen. Coral löste meine Handfesseln auf der Stelle und nahm mich in die Arme. Es gibt nichts Schöneres, als getröstet zu werden, nachdem dir so weh getan wurde. Ich hätte mich gern stundenlang an sie geklammert.

„Deine Geliebte wartet", sagte sie, entzog sich meinen verschwitzten Armen und löste meine Fußfesseln. Ich rappelte mich hoch und hob meine Stiefel auf. Alles schien tonnenschwer zu sein.

„Coral, für das, was du mir angetan hast, wirst du fürchterlich bestraft werden!" Ich wußte, das würde sie glücklich machen.

Ich sammelte meine Sachen zusammen und trat an das Fenster, das zur Straße hinausging. Als ich nach unten blickte, sah ich, daß unser Auto noch dort geparkt war und Honey Lee darin saß. Sie trug ihre verspiegelte Sonnenbrille und starrte zu unserem Stockwerk hoch. Wovon hatte sie wohl die ganze Zeit geträumt, während sie das Fenster beobachtete?

Ich glaube, Honey hatte mich noch nie so gelassen gesehen, wie in dem Augenblick, als ich auf den Beifahrerinsitz glitt. „Du siehst aus wie eine Heilige", bemerkte sie in Anspielung auf die Selbstkasteiungen der Mystikerinnen.

„Na ja, du weißt, wie religiöse Erfahrungen sein können", flüsterte ich.

Ich war kein bißchen überrascht, als sie einen langen weißen Schal aus dem Handschuhfach holte und mich anwies, ihr den Kopf zuzuwenden. Sie wand ihn mir ein paarmal um die Augen. Ich versuchte noch nicht einmal, die Richtung nachzuvollziehen, in die wir fuhren. Ich verspürte keinerlei dringendes Bedürfnis. Ich spürte nur das Pulsieren der Striemen auf meinem Hintern.

Als wir schließlich anhielten und ausgestiegen waren, führte Honey Lee mich einen schmalen Gehweg entlang in ein Haus und in einen niedrigen Raum. Wir waren wieder daheim. Ich konnte Stimmen der Bewunderung hören, als ich ins Zimmer trat. Viele Hände, zu viele, um sie zu zählen, griffen nach meinen Kleidern und zogen mich aus. Sie hoben mich auf ein weiches Bett, aber ich konnte immer noch nicht einschätzen, wie viele oder wessen Hände es waren. Ich wurde am ganzen Körper geküßt. Öl tropfte auf meine Brust. Zahllose Finger massierten mich. Jemand hob mein Kinn und ließ ein kühles Stück Pfirsich in meinen Mund gleiten. Ich roch den Champagner erst, als das Glas an meine Lippen geführt wurde. Ein paar Tropfen rannen meinen Hals hinab, ein kühler Mundvoll umspülte meinen Nipple. Ich versuchte zu zählen, wie viele Menschen um mich waren oder ihre Stimmen zu unterscheiden, aber es gelang mir nicht. Sie wechselten ständig die Plätze, und ich konnte mich nicht auf mehr als drei Gefühle gleichzeitig konzentrieren. Ich war so feucht und warm und pulsierend, daß ich an nichts mehr denken wollte.

Dann begann mich jemand innig zu küssen: Honey Lee. Die anderen Hände und Zungen verschwanden – nicht nur aus meiner Phantasie, sondern wirklich. Honey ließ nicht ab von meinen Lippen, aber ansonsten wurde mein Körper ganz ruhig.

Sie nahm mir die Augenbinde ab. Wir waren allein.

„Kommen sie zurück? Sag mir sofort, wer das alles war!" Ich ahnte schon, daß sie mir das nicht verraten würde. „Wie soll ich zur Arbeit gehen oder meine Freundinnen anrufen, wenn ich nicht weiß, wer Sex mit mir hatte?"

Honey verriet kein Sterbenswörtchen. „Hat dir dein Geburtstag gefallen, Susie?"

In der darauffolgenden Woche zog ich unter den Rechnungen, die sich im Briefkasten türmten, einige handschriftlich adressierte Umschläge hervor. Ich öffnete den ersten und fand ein Polaroidfoto von meiner Freundin Miranda darin, die etwas Unerhörtes mit meinen Zehen anstellte und dabei von sieben Paar geschäftigen Händen umgeben war. „Deine Füße waren göttlich!" hatte sie am Rand angemerkt. Ähnliche Briefe folgten.

„Ich frage mich, wie viele von diesen Fotos sich im Umlauf befinden", sagte ich laut. Aber die O hätte sich so etwas nie gefragt. Sie hätte die Geschichte in allen Einzelheiten aufgeschrieben. Wie ich.

Von Delphinen und anderen Fabelwesen

Meine Mami versprach,
wär ich schön brav,
dann kauft sie mir
ein Gummitier.

Doch Tantchen sagt,
ich küßt 'n Soldat,
nun kauft sie mir
kein Gummitier.

Was täte ich, wenn ich einen Schwanz hätte? An meinem derzeitigen Körper würde mich ein Schwanz sehr unglücklich machen. Er würde das ganze Bild ruinieren. Manchmal stelle ich mir vor, wie es wäre, mit einem Schweif oder Flügeln oder Klauen ausgestattet zu sein, aber ein Schwanz, der unterhalb meines weichen Bauches hervorlugte, wäre ein grober Makel. Ich käme mir vor wie eine Transsexuelle, die im falschen Körper gefangen ist.

Was aber, wenn ich ein Mann wäre? Dann hätte ich natürlich einen Schwanz. Meine Freundin Sarah Schulman hat einmal eine Geschichte geschrieben, in der eine Lesbe eines morgens mit einem Schwanz aufwacht. Im Laufe des Tages landet sie irgendwann im Central Park, um jemanden abzuschleppen, und trifft einen Kerl in den Büschen, der an ihr runtergeht. „Ann hatte sich schon immer gewünscht, einmal ‚Lutsch meinen Schwanz' sagen zu können, denn sie war zwar schon oft dazu aufgefordert worden, hatte es aber noch nie selbst sagen können."

Ich würde das auch gern einmal sagen. Wäre ich ein Mann und hätte ich einen Schwanz, gehörte es zu meinen Lieblingsdingen, morgens mit einem Steifen aufzuwachen. Ich würde den Arsch meiner Liebsten an meinem Schwanz spüren, wenn sie ihren Hintern gegen meinen Bauch drückt. Oder vielleicht würde sie sich auf mich setzen oder mich wecken, indem sie meinen Schwanz lutschte. Männer haben morgens, wenn sie erwachen, immer diesen seligen Gesichtsausdruck. Ich würde das gern mal nachempfinden. Ich hatte einmal eine Freundin, die rosig anlief, wenn ich sie weckte, indem ich an ihren Nipples saugte. Vielleicht stammt mein Neid einfach nur daher, daß ich immer als erste aufwache.

Aber wenden wir uns dem körperlosen Schwanz zu – dem klassischen Dildo, auf den ich so stehe. Ich nenne unzählige Varianten mein eigen und kann mir nichts vorstellen, was ich noch nicht mit ihnen getrieben hätte – einen umzuschnallen und zu flüstern „Lutsch meinen Schwanz!" eingeschlossen. Natürlich genieße ich es am meisten, mit dem Dildo zu ficken oder gefickt zu werden. Gelegentlich lutsche ich auch einmal einen, und falls er aus Gummi oder Kunststoff besteht, kaue ich auch mal darauf herum. Manchmal vergnüge ich mich auch damit, mir einen in die Jeans zu packen oder ein paar zum Schmelzen in die Pfanne zu hauen, um neue Formen zu gestalten.

Ich bin mir bewußt, daß ich mich mit meiner Dildo-Manie an der Grenze des Normalen bewege. Diese Gummipüppchen werden immer noch mißinterpretiert. Ob aus Elfenbein geschnitzt (Vorsicht: Artenschutz!) oder biologisch angebaut und an der Gemüsetheke im Supermarkt erstanden – das beliebteste und dauerhafteste erotische Accessoire der Welt wird viel zu häufig als blasse Imitation verhöhnt.

Ich entwickelte mich zur Dildo-Propagandistin, um die Ängste einiger lesbischer Feministinnen zu lindern, die glaubten, ein Spielzeugschwanz würde sie auf magische Weise heterosexualisieren. Ich nahm an, daß ich damit zu einem sehr kleinen Publikum über ein Thema sprach, das nur Eingeweihte etwas anging, doch die lesbische Scheu vor Plastikschwänzen entpuppte sich als bloßes Nebenprodukt einer uralten, weltweiten Verachtung.

Die feministische Kritik am Latexschwanz ist nur eine moderne Spielart dieser Verachtung.

Das am weitesten verbreitete Vorurteil lautet, Dildos seien nur etwas für alte Jungfern, einsame Herzen und sonstige Mauerblümchen, die keinen abgekriegt haben. Mein Freund Spain, ein Comiczeichner, verewigte kürzlich in einem Buch mit dem Titel *Young Lust* den typischen Dildohasser. Seine Heterofigur (bzw. sein Alter ego), die sinnigerweise „Der Sexist" heißt, beschließt seine Haßtirade gegen künstliche Penetration mit der vernichtenden Anklage: „Warum willst du dir ein totes Plastikteil reinschieben, wo du doch was Lebendiges, Echtes haben kannst – etwas, das für dich schön hart wird?"

Ja, warum? Wir beide stritten uns heftig darüber. Viele nette und durchaus lebendige menschliche Wesen genießen es, ohne echten Schwanz zu ficken, wohingegen manch „glückliches" Paar mit dem „echten" Teil leidenschaftslos „Geschlechtsverkehr" praktiziert. Ein „echter" Schwanz wird vielleicht hart, aber er führt sich nicht immer schön auf.

Nach diesem Streitgespräch fühlte ich mich versucht, eine „Fairer Umgang mit Dildos"-Doktrin zu verfassen. Dichtung von Wahrheit zu unterscheiden. Den Bewußtseinsstand der Welt zu heben.

Ficken kann sich gut anfühlen – diese Prämisse liegt der Beliebtheit von Dildos zugrunde –, und wenn wir uns schon mit der Penetration befassen, warum dann nicht dafür sorgen, daß sie genau unseren Wünschen entspricht? Menschen, die Dildos benutzen, steht eine unendliche Vielfalt an möglichen Formen, Größen, Beschaffenheiten und Farben zur Auswahl. Schon allein hier liegt Stoff für endlose Phantasien. Natürlich stellen Dildos auch die süße Rache derjenigen dar, die eben doch auf Größe abfahren. Bei der Wahl eines Dildos ist häufig die Größe ausschlaggebend. Sorgfältige Vergleiche mit unterschiedlichen Möhren lehren jedes Unschuldslamm die persönliche Bandbreite möglicher Befriedigung: von dick und kompakt bis rank und schlank.

Meine Freundin June, eine Lesbe, die es einst nach San Francisco zog, stellt ihren Adam Zwo (achtzehn Zentimeter lang, fünf Zentimeter Durchmesser) voller Stolz auf dem Wohnzimmertisch zur Schau – eine Frau, die schon allen nur erdenklichen Anschuldigungen ausgesetzt war und trotzdem nichts auf ihren Gummischwanz kommen läßt. „Die Vorstellung, daß allein der hochverehrte Finger oder die kostbare Zunge deiner Geliebten dich befriedigen soll, halte ich für romantischen Mist", eifert sie sich. „Die Leute heiraten doch auch nicht wegen der Schwanz- oder Faustgröße ihrer Liebsten. Und dennoch wird allgemein erwartet, daß wir so tun, als seien Liebe und ein netter Charakter die einzigen Zutaten für guten Sex."

Wo Dildos benutzt werden, spielen oft auch Voyeurismus und Ersatzvergnügen eine große Rolle. Mein achtunddreißigjähriger Nachbar Andrew ist stolzer Besitzer von einem Dutzend Dildos. Seinen ersten – einen leicht verbeulten kleinen Vibrator – fand er vor zehn Jahren im Umkleideraum eines Sportstudios. „Ich nahm ihn mit nach Hause und stellte ihn zunächst auf den Wohnzimmertisch – er eignete sich vorzüglich, um das Eis zu brechen. Eines Tages langweilte ich mich. Also wechselte ich die kleine Batterie und schob mir den Vibrator in den Arsch. Ich kam so heftig, daß ich hinterher völlig ausgepowert war. Erst zwei Wochen später schaffte ich es, ihn meinem Geliebten zu zeigen. Da erlebte ich meine zweite lustvolle Überraschung. Er wußte bereits alles, was es über Dildos zu wissen gab ... Heutzutage gelten Dildos als schick, oder es ist zumindest nicht ungewöhnlich, sie zu benutzen, weil Safer Sex eine so große Rolle spielt. Aber meine ursprüngliche Begeisterung hatte damit nichts zu tun."

Was Leute mit ihnen treiben, ist meilenweit vom Geschäft mit Dildos entfernt – das mittlerweile eine ganze Industrie bildet.

Die typische Produktionsstätte samt Lagerhaus für sexuelle „Hilfsmittel" nimmt einen ganzen Block ein und befindet sich in einem koreanischen oder schwarzen Viertel von Los Angeles. Der Hersteller, seit dreißig Jahren im Geschäft, legt großen Wert auf Diskretion – unter anderem, weil er gerade von der texanischen Staatsanwaltschaft wegen „interstaatlichem Transport obszöner Waren" vorgeladen wurde. Im Staate Texas wird der Besitz von mehr als sechs Gummitieren als „Werbung für Dildos" geahndet und stempelt dich zum Dildo-Dealer. Die Sexspielzeug-Industrie wird ständig von politisch engagierten Bibelfanatikern angegriffen. Ich selbst würde diese Industrie allerdings nicht für irgendeine obskure Form von Obszönität oder als Gefahr für die Allgemeinheit kritisieren, sondern schlichtweg für die Unerschütterlichkeit, mit der sie mittelmäßige Qualität produziert.

Seit Jahrzehnten fabrizieren eine Handvoll Hersteller in den USA und Hongkong dieselbe Art von abgedroschenen, pseudoweißen Gummischwänzen – gelegentlich mit Luftblasen oder Pockennarben versehen. Die erhältlichen Größen bewegen sich zwischen riesig und monströs. Frauensexshops wie *Good Vibrations* in San Francisco und *Eve's Garden* in New York mußten diese Hersteller jahrelang beknien, bis sie endlich in bezug auf Farbe, Beschaffenheit und Größe einige Alternativen in ihre Angebotspalette aufnahmen.

Ein Erfinder von den westindischen Inseln, der als Heilpraktiker in Brooklyn arbeitete, brachte die erste echte Neuerung in Sachen Dildos hervor: Gosnell Duncan, der Gründer von *Scorpio Products,* einer Kollektion von Dildos aus einer Silikonmischung mit einer breiten Auswahl an Farben und Formen. Es finden sich dort Dildos in Schwanz- oder Säulenform, und die erhältlichen Farbtöne rangieren von Flieder über einen sahnigen Honigton bis zu tiefbraunen Schattierungen.

Duncan trieb seine Erfindung voran, weil er sich mit der Verbreitung von Sexinformationen an behinderte Männer befaßte, die nicht erektionsfähig waren. Duncan selbst hatte in jungen Jahren einen Unfall erlitten, der ihn diesbezüglich behinderte: „Es war für mich zunächst nur ein Experiment. Doch später hörte ich von Transsexuellen in Kanada, die sich für Produkte aus dem von mir entwickelten Material interessierten."

Duncans neue „Hilfsmittel" waren zunächst nur schwer erhältlich und teuer. Aber sie schlugen alles, was es bis dahin auf dem Markt gab, um Längen und stießen auf eine rege Nachfrage. Als Erfinder und Sexerzieher war Duncan wahrscheinlich der erste Dildo-Produzent, der sich ernsthaft für das Begehren und die Bedürfnisse seiner KundInnen interessierte.

Die schwulen Lederläden in San Francisco boten weiteren Nährboden für Sexspielzeuge. Aus Leder genähte Dildos fanden großen Anklang. Raffinierte Latexdesigns aus Europa wie zum Beispiel der aufblasbare holländische Dildo – damals ein absolutes Muß – machten die Szene-Neulinge während des Dildo-Booms der achtziger Jahre an.

Zusammen mit all den anderen Lesben, die sich in Frauensexshops mit Dildos eindeckten, fand ich mich in einem Dilemma wieder. Eine stürmische Debatte darüber, ob es nun für „korrekt" zu befinden sei, daß wir den Phallus zurückforderten, fegte über uns hinweg. Aber die hochgezogenen Augenbrauen veranlaßten nur noch mehr Neugierige dazu, aus ihren Löchern zu krabbeln.

In den frühen achtziger Jahren arbeitete ich bei *Good Vibrations* und befand mich sozusagen im Kontrollturm der Sexspielzeug-Debatte. Ich beobachtete den Unterschied zwischen der Einstellung der Kundinnen zu Anfang und gegen Ende ihrer Besuche im Laden. Eine meiner damaligen lesbischen Kundinnen, Sharon, ist heute Anfang Vierzig. Sie erinnert sich noch genau an ihr erstes Mal am Dildo-Tresen von *Good Vibrations:* „Das war 1985, und ich hatte den Eindruck, daß ich meine fünfköpfige Frauenwohngemeinschaft nicht betreten konnte, ohne mitten in einem Streit über Sex zu landen. Thematisch handelte es sich um einen Mischmasch aus S/M und Butch/Femme. Im Grunde drehte es sich aber um das Verlangen, zu ficken und gefickt zu werden. Meinen ersten Dildo und Harness habe ich heimlich gekauft."

Sharons Erinnerungen wecken bei Lesben, die zum ersten Mal lesbischem Schwanzbewußtsein ausgesetzt sind, mehr als schlichte Nostalgie. Selbst eine Frau ohne Vorurteile wird mit größter Sicherheit entweder in Lachen oder Stöhnen ausbrechen, wenn sie sich zum ersten Mal mit einem Dildo um die Hüften geschnallt im Spiegel betrachtet.

„Ich habe über mich selbst mit einem ‚Phallus' nie nachgedacht", erinnert sich meine Freundin Lorraine, eine lesbische High-School-Lehrerin, deren Sexualkundeunterricht konzeptionell wesentlich gewann, nachdem sie sich ihren ersten Dildo gekauft hatte. „Ich bin an diese Spielzeuge eher naiv rangegangen. Ich dachte, es sei lustig, mal was anderes. Ich hatte ganz und gar nicht damit gerechnet, wie anders es sich anfühlen würde, meine Freundin mit einem Dildo, statt mit meiner Hand zu ficken. Zuerst kam ich mir lächerlich vor. Dann überwältigte mich eine Woge von Euphorie, auf die schließlich noch größere Scham folgte. Ich hatte mich selbst immer als androgyn eingeschätzt, eher so durchschnittlich, nicht als eine Frau mit starken maskulinen Begierden oder Spuren einer maskulinen Identität. Am nächsten Morgen mußte ich mich kneifen, um festzustellen, ob ich immer noch ich selbst war."

Lorraines Ex-Geliebte, Gloria, lernte ich einige Jahre später kennen. „Ich bin eine klassische Femme und lehne mich am allerliebsten zurück", meinte sie. „Lorraine hat sich damals diesen Schwanz gekauft, um mich zu ficken, und ich genoß es. Sie selbst hat diese Erfahrung befreit. Es ist oft schwierig, Butches aus sich herauszulocken. Manchmal hilft nur noch ein Dildo, um zum Kern der Sache zu kommen. Ich lege keinen Wert darauf, mit einem Mann zu ficken, aber eine Frau mit Dildo kann sich meiner ganzen Aufmerksamkeit sicher sein. Das liegt nicht nur am Spielzeug – es bringt einen ganz eigenen Teil ihrer Persönlichkeit zutage."

Ich konnte mich nicht bezähmen, Gloria zu fragen, ob sie je mit ihren Butches die Rollen getauscht hat. „Na ja, ein paarmal. Ich bin ziemlich romantisch in bezug darauf, wer von uns was zu tun hat, und ich fühlte mich nur in Gegenwart von unerfahrenen Lesben oder Heterofrauen wirklich ungehemmt genug, mir einen Dildo umzuschnallen. Ich liebe den Ausdruck auf ihrem Gesicht, wenn sie mein langes Haar, meine großen Titten und meinen riesigen Ständer sehen. Ich würde gern einmal mit meinem fünfundzwanzig Zentimeter langen Dildo eine Butch vögeln, aber bislang habe ich einfach noch keine getroffen, die dafür aufgeschlossen war ..."

Heterofrauen haben in bezug auf Dildos eines mit Lorraine und Gloria gemeinsam: Jede Frau muß sich damit befassen, was ein männliches Symbol wie der Dildo für ihren Körper und ihr Begehren bedeutet, egal wie respektlos sie damit umgeht. Möglicherweise reagiert sie mit einem Lachen, und zehn Jahre später kann sie sich nicht mehr vorstellen, was die ganze Aufregung sollte. Aber sie *wird* sich damit befassen. In gewisser Weise ist ihre Erfahrung vergleichbar mit dem, was ein Heteromann in bezug auf Dildos empfindet. Denn ein Heteromann muß sich seinen unterwürfigen, weiblichen und sexuell empfangenden Anteilen stellen. Wahrscheinlich würde er sich gern einfach mal ohne großen Gefühlszauber in den Arsch ficken lassen, aber er kommt an den Gefühlen nicht vorbei.

Die Schwulen, die von jeher für jede Art von Phalluszauber zu haben sind, verfügen über den dionysischen Vorteil, sich Dildos kaufen zu können, ohne gleich eine Persönlichkeitskrise zu erleiden. Ein Schwuler freut sich natürlich über „etwas, das für ihn schön hart wird", am meisten. Aber wenn ein attraktiver Mann auf ihn zukommt und ihn bittet, ihm etwas in den Arsch zu schieben und gleichzeitig seinen steifen Schwanz zu lecken, wird er ihn kaum von der Bettkante stoßen. Natürlich braucht man etwas Phantasie für diese Dinge. Und die meisten Schwulen befinden sich, offen gesagt, in einem Boot mit allen anderen, was Angst und Mißtrauen gegenüber dem Ungewöhnlichen, dem „Nicht-Normalen" angeht.

Vielleicht liegt hier überhaupt das Grundübel, aus dem der Widerstand gegenüber Dildos erwächst: Sie *sind* einfach nicht normal im Sinne von natürlich. Dildos werden immer gleichermaßen provokant wie „unnatürlich" bleiben. Einige werden geliebt und geherzt wie Teddybären, anderen ist es bestimmt, in einem postphallischen Wutanfall zerstückelt zu werden.

Unsere Gummipüppchen haben nur so viel erotisches Potential, wie die Herrin (oder der Herr) ihnen beimißt. Nicht Dildos ficken Menschen – Menschen ficken Menschen!

Dildoführer im Taschenformat

Konfektionsware

Folgende Dildos findest du in jedem noch so schmierigen Kleinstadt-Sexshop:

Der Dreißig-Zentimeter-Protz
Farblich zwischen Orange und Schweinchenrosa gehalten, gleicht er einem anatomischen Weltwunder. Benutze diese Sorte immer mit Kondom; sie sind unmöglich zu reinigen, weil die Oberfläche von kleinen Löchern und Luftblasen zersiebt ist. Billig, aber funktionstüchtig.

Das Farbwunder
Neonrosa, zitronengelbe, blaue und andere Farbvariationen aus unangenehm riechendem transparenten Material, die zumindest den Vorteil haben, daß du sie auch im Halbdunkel leicht findest. Meist preisgünstig, weil sich die durchschnittliche Sexshop-Besucherin nicht dafür erwärmen kann.

Der Doppeldildo
Ein vierzig bis fünfundvierzig Zentimeter langer Gummischwanz mit pilzförmigen Verdickungen an beiden Enden. Diese Dildos sind dazu gedacht, sie Möse an Möse, Möse an Arschloch, Arschloch an Arschloch zu verwenden. Eine oder beide Spielerinnen packen den Dildo in der Mitte und schieben ihn hin und her. Diese Technik erfordert ein bißchen Übung. Nicht alle Paare besitzen die nötigen körperlichen Voraussetzungen, um damit zurechtzukommen. Wenn es klappt, wirst du allerdings schnell süchtig. (Bei dieser Technik ist unbedingt zu beachten, daß die Gefahr einer Ansteckung mit sexuell übertragbaren Krankheiten extrem hoch ist. Es ist fast unmöglich, eine sichere Barriere zwischen beiden SpielerInnen bei der Verwendung von Doppeldildos zu gewährleisten. Wahrscheinlicher als die Übertragung von HIV ist eine Ansteckung mit Herpes, Feigwarzen, Pilzen etc. – Anm. der Übersetzerin)

Der Hohlkopf
Dieser hohle Plastikschwanz ist als Aufsatz für den echten Schwanz gedacht, um ihn dicker oder länger erscheinen zu lassen. Leider weißt du nicht, wie gut er deinem Schwanz paßt, ohne ihn anzuprobieren. Diese Aufsätze kosten nicht viel, also kaufe lieber ein paar verschiedene und experimentiere zu Hause.

Latexdildos
In den meisten Sexshops erhältlich, bieten diese meist anthrazitfarbenen Schwanznachbildungen eine Alternative zum rosafarbenen Modell. Sie sind biegsam, aber einigermaßen fest und lassen sich, je nach Qualität, etwas leichter reinigen. Allerdings empfiehlt sich auch hier der Einfachheit halber die Verwendung von Kondomen.

Der Dildo auf Pump
Fast überall werden aufblasbare Dildos angeboten. Mit einer kleinen Handpumpe kannst du dich buchstäblich selbst zum Höhepunkt blasen.

Der harte, vibrierende Dildo
Vibratoren gibt es in allen Größen: von „Ladyfinger" bis Ponyritt. Ihr batteriebetriebenes Gesumme ist in der Regel so schwach, daß du kaum mehr als ein betäubendes Kribbeln spürst. Doch wenn sich die Batterien totgezittert haben, kannst du mit einem glatten, leicht zu reinigenden Dildo glücklich werden. Inzwischen erhältst du Vibratoren in vielen dekorativen Farben.

Der japanische Biber
In den frühen achtziger Jahren priesen japanische Sexspielzeug-Hersteller eine Reihe von Geräten an, die Frauen den zweizackigen Zugang zum Vergnügen versprachen: eine vibrierende „Zunge" für die Klit, die von einem rotierenden Dildo abzweigte. In Japan verbietet das Gesetz die Herstellung von Spielzeugen, die menschlichen Sexorganen ähneln. Also wurden diese Dildos in Form von süßen Tierchen entworfen: Biber, Bären, Katzen. Diese listigen Alternativen wurden auf dem amerikanischen Markt ein Renner, so daß sie jetzt von vielen Firmen hergestellt werden und als Importware zu erhalten sind. Nachteil der High-Tech-Vibratoren ist ihre Anfälligkeit.

Haute Couture

Diese Dildos werden in Anlehnung an die tatsächlichen Bedürfnisse der KäuferInnen produziert und besitzen zum Teil einen hohen künstlerischen Wert. Wachsendes Qualitätsbewußtsein führt zu einer steigenden Nachfrage und sorgt dafür, daß das Geschäft der Herstellerfirmen und der entsprechenden Vertriebe angemessen floriert.

Silikondildos
Diese Dildos fühlen sich im Gegensatz zu Gummischwänzen angenehm cremig an. Sie lassen sich leicht reinigen und können sogar gekocht werden. Sie verführen sehr dazu, auf ihnen herumzukauen. Aber sei vorsichtig, der kleinste Riß in einem Silikondildo läßt diesen blitzschnell auseinanderbrechen, und du kannst ihn nicht reparieren. Die HerstellerInnen von Silikondildos präsentieren ein breites Angebot an handmodellierten Formen. *Scorpio Products* wurde bereits als Großvater des Silikondildos erwähnt. Inzwischen produzieren eine Anzahl von Frauenbetrieben phantasievolle Varianten von Delphinen und Walen über Schlangen bis hin zu Kakteen und Bumerangs. Wegen der hohen Zollgebühren sind die importierten Silikondildos in der Anschaffung verhältnismäßig teuer. Mittlerweile gibt es auch in Deutschland, England und in der Schweiz Herstellerinnen, deren Silikondildos der amerikanischen Importware in nichts mehr nachstehen.

Die Mösenhantel
gibt es ebenfalls nur als Importware. Sie gleicht einer verchromten Hantel für deine Barbie-Puppen-Stube. Dieses Gerät wurde mit allen möglichen Versprechungen für vaginale Fitneß vermarktet. Natürlich kann eine Frau ihre Mösenmuskeln auch ohne jedes Gerät in Form halten (als beste Übung empfehlen sich Orgas-

men). Aber dieses schöne, silbern glänzende Spielzeug fühlt sich einfach wunderbar an, wenn du es in die Möse oder den Arsch schiebst. Es ist schwer und kühl und echt High-Tech.

Der Holzdildo
wird exklusiv aus schwarzem Ebenholz, Palisander oder Rosenholz geschnitzt, hat eine längliche Kegelform auf der einen Seite und auf der anderen sind drei oder vier Kugeln unterschiedlichen Durchmessers aneinandergereiht. Das Holz ist mit einem Naturöl behandelt, es kann nicht splittern. Diese Dildos sprechen die SammlerInnen von Kunstobjekten an und sind gleichzeitig langlebige Lust- und Liebesobjekte.

Nudelhölzer, Zucchini und Schildpatt-Haarbürsten
Es gibt nichts Sentimentaleres als einen Dildo, den du im eigenen Garten gepflückt oder zu Hause in der Küchenschublade oder auf der Badezimmerablage entdeckt hast. *Get back to your roots.*

Der Glasdildo
ist aus bruchsicherem Glas und mit vielen Wellen versehen. Der Dildo kann mit Flüssigkeit gefüllt werden und zu Temperaturspielen verwandt werden.

Plexiglas
ist ein neueres Material für Dildos. Plexiglasdildos sind in verschiedenen Formen erhältlich. Der Plexi-G-Spotter hat sich durch seine besondere S-Form bewährt, die auf den Punkt trifft.

Packing Dildos
sind relativ neu am Markt. Kleiner und flexibler modelliert liefern sie beim Genderfuck die perfekte Silhouette, erlauben den echt wirkenden Griff zwischen die Beine und taugen in Grenzen auch zum Ficken.

Cyberskin-Dildos
ermöglichen bei entsprechender Vorliebe ein extrem „realistisches" Erlebnis von sich verschiebender Haut auf einem härteren Kern, welche die Blow-Job-Fetischistin als „letzter Schrei" aber sehr teuer zu stehen kommt.

Phantasien sind kein Kaffeesatz

Ich erinnere mich an das erste Mal, als jemand seine Hand in meine Hose steckte, obwohl ich es nicht wollte. Auf dem Nachhauseweg vom Kino wurden meine Mitbewohnerin und ich ausgeraubt und sexuell genötigt. Woran ich mich am deutlichsten erinnere, ist, daß der Angreifer einen guten Kopf kleiner war als ich. Ich schätze, er war ungefähr vierzehn Jahre alt. Er hatte die Spitze seines Messers gegen meine Brust gedrückt. Ich war vor Angst wie erstarrt und flehte ihn an, mir nichts zu tun. Die beiden blutjungen Straßenräuber waren so unerfahren, daß der eine meiner Mitbewohnerin ihren Schlüsselbund zurückgab, damit er beide Hände frei hatte, um ihr die Hose öffnen zu können. Sie blies in die silberne Pfeife, die an ihrem Schlüsselbund hing, und die Mistkerle rannten davon wie die Hasen, als hätte meine Mitbewohnerin einen Warnschuß abgefeuert. Es war vorbei. Ich fühlte mich absolut beschissen, und dieses Gefühl hielt über Monate an. So bald wie möglich zog ich aus der Gegend weg.

Ich erinnere mich auch an das erste Mal, als ich eine Vergewaltigungsphantasie hatte. Ich war noch sehr jung, als mir ein ziemlich unanständiges Buch in die Hände fiel. Dieses anstößige Werk – in Wirklichkeit handelte es sich um seriöse Erfahrungsberichte zum Thema Jugendkriminalität – hatte ich in der Bibliothek gefunden. Ein Bericht schilderte, wie die Jungen einer Schulklasse auf einem grasbewachsenen Hügel am Rande der Vorstadt ein Mädchen wie Jesus an ein Kreuz gebunden und sie nacheinander vergewaltigt hatten. Eine weitere Geschichte erzählte vom Schicksal eines Mädchens, die die Warnungen ihrer Eltern, nicht mit Fremden zu sprechen, in den Wind geschlagen hatte. Sie wurde von einem Pärchen entführt und in deren Wohnung gefangengehalten. Tag für Tag wurde sie mit neuen Sexpraktiken konfrontiert, gegen die sie sich zunächst wehrte, nach denen sie am Ende aber (natürlich!) süchtig wurde. Ich besuchte zu der Zeit eine katholische Schule, und mein Kopf war ohnehin schon bis zum Rand mit romantischen Märtyrerlegenden und Geschichten um sündhafte Verfehlungen gefüllt. Die Dramen um die jugendlichen Straftäter spielten sich nachts in meinem Kopf wieder und wieder ab, während ich mich durch die Stoffschichten von Bettuch, Nachthemd und Unterhose rieb und dabei immer heftig kam. *Dieses* Umfeld habe ich nie verlassen.

Ich war schon über zwanzig, bevor ich mir eingestand, daß mich masochistische Phantasien oder Unterwerfungsszenarien anturnen. In einem feministischen Seminar am College fragte uns die Dozentin, ob wir jemals erregende Vergewaltigungsphantasien erlebt hätten. Mit Tränen in den Augen hob eine Studentin die Hand und gab zu, daß das auf sie zuträfe. Mein Herz begann so schnell zu schlagen, daß ich nur wie gebannt dasitzen konnte. Ich schämte mich dieser Phantasien genau wie sie, aber ich hätte niemals zugegeben, daß ich sie auch hatte. Unsere Dozentin verhielt sich der Studentin gegenüber sehr freundlich, obgleich sie selbst schlecht unterrichtet war. Sie tröstete sie, indem sie ihr erklärte, das Patriarchat unterzöge uns Frauen einer Gehirnwäsche, so daß wir unsere dem Mann untergeordnete Stellung erotisierten. Sie behauptete, derartige Phantasien seien weit verbreitet. Richtig. Sie meinte weiterhin, wir könnten diese Phantasien „überwinden", indem wir sie einer feministischen Analyse unterzögen und unser Selbstbewußtsein stärkten. Falsch. Mir wurde schon am selben Abend klar, daß sie sich in diesem Punkt irrte. Trotz meines ausgeprägten Selbstbewußtseins, beinharter feministischer Analyse und einer wöchentlichen Schicht beim Notruf für vergewaltigte Frauen war ich immer noch imstande, ins Bett zu krabbeln und mich zu denselben beunruhigenden Phantasien zu befriedigen, die mich schon seit meiner Kindheit erregt hatten. Feminismus und Selbstachtung erwiesen sich in bezug auf meine erotische Phantasiewelt als genauso folgenlos wie die Kommunionsoblaten, die ich früher jeden Sonntag in der Hoffnung zu mir genommen hatte, mein Inneres von der Saat des Teufels zu reinigen. Religion und politische Dogmen taugten eindeutig nicht, um die unbewußten ketzerischen Aspekte erotischer Gefühle zu erklären.

Zwei Jahre später begann ich zum ersten Mal, Bücher zum Thema Sexualität zu lesen, und zwar von der Güteklasse, die nach den Bienchen und Blümchen kommt. Beim Zeitungskiosk am Flughafen erstand ich aus purer Neugier kurz vor dem Einchecken eine Taschenbuchausgabe des Bestsellers *Die sexuellen Phantasien der Frauen* von Nancy Friday. Auf dem Umschlag wurde eine hochangesehene Psychiaterin zitiert, die versprach, daß das Buch die verborgenen Anteile unserer Sexualität enthüllen würde. Ich war gespannt, was es bei mir aus dem Verborgenen ans Tageslicht zerren würde, außer der Bestätigung, daß ich hoffnungslos pervers war.

Die Reise von Los Angeles nach Detroit zog sich gnadenlos in die Länge. Ich glaube, das waren überhaupt die längsten fünf Stunden, die ich je in der Luft verbracht habe. Mein Gesicht glühte wie eine Tomate, mein aufblasbares Sitzkissen hätte man auswringen können. Friday zitierte ihre nur mit Vornamen genannten Gesprächspartnerinnen – Marie, Debbie, Jessica – und ließ sie eine Phantasie nach der anderen erzählen, deren Themen ich noch nicht einmal in den Mund genommen hätte: Inzest, Analsex, erotische Entführungen, Sex mit Hunden, Banden-Vergewaltigungen, Sex auf Altären, lautes Stöhnen in der Dunkelheit mit nichts als einer Augenbinde am Leib.

Es haute mich um, daß diese Frauen aus sämtlichen Gesellschaftsschichten und den unterschiedlichsten Flecken des Landes kamen, und ich erkannte, daß auch ich mich, so weit ich zurückdenken konnte, mit solchen und ähnlichen Geschichten aufgegeilt hatte. Ich hatte mir dabei zwar nie bewußt vorgenommen: „Ach, ich glaube, heute möchte ich mich mit meinem Sexsklavinnen-Zirkus befassen", aber jedesmal, wenn ich kam, im Augenblick der Wahrheit, blitzten mir die Tiger und die am Boden kauernden Lustsklavinnen durch den Kopf, und die Peitsche knallte.

Ich gehörte also auch zu Nancys Pappenheimerinnen. Dem Umschlag des Bestsellers zufolge war ich eine von einer Million Leserinnen, die – so vermutete ich – ähnlich auf die Lektüre reagierten. Das bedeutete entweder, daß es eine Million Perverse gab oder daß diese Sexphantasien das Normalste der Welt waren.

Ich hatte eigentlich nie darüber nachgedacht, was eine Sexphantasie ausmacht. Ich hatte immer geglaubt, eine Sexphantasie wäre ein Trauminsel-Szenario, in das deine Phantasie ein heißes Treffen mit der sonnengebräunten Berühmtheit des Monats einbaut. Ich hatte mich seit dem zarten Alter von acht Jahren selbst befriedigt. Doch wenn ich meine Augen zukniff und so heftig auf meinem Arm herumritt, daß meine Finger taub wurden, schwebte bei mir nie Paul Newman über meine orgasmische Leinwand. Oder Mick Jagger. Bianca Jagger übrigens auch nicht.

Nancy Friday hat das Schatzkästchen der weiblichen Sexphantasien geöffnet, indem sie die unzensierten erotischen Bekenntnisse von Hunderten von Frauen präsentiert. Leider nimmt sie das zum Anlaß, uns mit ihrer fehlgeleiteten Analyse weiblicher Sexualität bekannt zu machen. Ihre langatmigen Einleitungen zu jedem Phantasien-Kapitel sollen die dort vorgestellten Inhalte rechtfertigen, doch leider entpuppen sich ihre Bemühungen, zu erklären, warum Frauen von solch tabuisierten Themen geil werden, als eine intellektuelle Katastrophe. Einerseits begreift sie sich als Feministin, die davon überzeugt ist, daß ihre Gesprächspartnerinnen gesunde, blühende Frauen sind, die eine Menge Mut beweisen, indem sie ihre Phantasien mitteilen. Andererseits läßt sie durchblicken, daß die ganze Gruppe ernsthaft an einer gestörten Beziehung zur Mutter litt. Oder zum Vater. Oder zur Gesellschaft an sich. So etwas nenne ich Populärpsychologie der schlimmsten Art.

Anstatt die unterschiedlichen – persönlichen wie kulturellen – Auslöser für Sexphantasien auf ihre Zusammenhänge zu befragen, liest sie diese Sexphantasien wie Tarotkarten. Oh, du hast lesbische Phantasien? Das muß die „Verlangen nach mütterlicher Nähe"-Karte sein. Jedesmal, wenn ich eine ihrer Erklärungen las, hatte ich das Gefühl, sie wolle meinen Fuß in einen Schuh zwängen, der nicht einmal Aschenbrödel gepaßt hätte. Als ich das Buch später meinen Freundinnen empfahl, gab ich ihnen strikte Anweisungen: „Lies nur die Phantasien und zieh deine eigenen Schlußfolgerungen!"

Nancy Friday hat nach der Veröffentlichung von *Die sexuellen Phantasien der Frauen* und der Fortsetzung, *Verbotene Früchte,* die Mitte der siebziger Jahre erschien, weitere Phantasien gesammelt und schließlich eine Anthologie für die neunziger Jahre zusammengestellt: *Befreiung zur Lust.* Aus dem Titel der amerikanischen Originalausgabe, *Women on Top. How Real Life Has Changed Women's Sexual Phantasies,* läßt sich schließen, daß sie nicht nur neue Geschichten zu erzählen hat, sondern außerdem überzeugt ist, daß sich das Leben und die feuchten Träume von Frauen seit ihren ersten Interviews zwanzig Jahre zuvor gewandelt haben.

In einem Punkt gebe ich ihr recht. Die meisten Frauen aus ihrem neuesten Buch sind jung; sie zählen zu der auslaufenden Generation des Babybooms. Die Einstellung dieser Frauen zur Selbstbefriedigung kann nur als ausgesprochen nüchtern und sachlich bezeichnet werden. Sie betrachten ihre sexuelle Befriedigung als einen völlig selbstverständlichen Bestandteil ihres Lebens.

Nancy Friday belegt zweifellos, daß die Ära des braven, anständigen Mädchens ihr Ende gefunden hat. Sexspielzeuge gelten im Schlafzimmer ihrer Interviewpartnerinnen als normales Inventar, und in den Phantasien werden diese Spielzeuge dann manchmal zu terminatormäßiger Größe aufgeblasen, wie zum Beispiel in der Geschichte einer Frau, die sich vorstellt, auf einem gnadenlos laufenden Fließband gefickt und gerieben zu werden.

Die Phantasien von Debütantinnen lassen im Vergleich zu denen erfahrener Frauen nichts zu wünschen übrig. So erzählt zum Beispiel „Conny" – die außer mit ihrem Freund, den sie seit der fünften Klasse kennt, mit niemandem Sex gehabt hat –, wie sehr sie sich von uniformierten Polizisten aufgegeilt fühlt. Sie stellt sich vor, in eine Polizeikontrolle zu geraten und eingehend befingert zu werden: „Er schiebt seine Hände nach vorne, zieht den Tanga auf einer Seite leicht herunter und spielt mit meiner Klitoris wie mit einer geölten Murmel."

Fridays Studie ist ein erotisches Marathon. Allein schon die Geschichte der Gorillaforscherin, die ihr Forschungsobjekt verführt, reicht für eine lustvolle Woche Bettlägerigkeit. Beim Lesen all dieser Geschichten wird deutlich, daß kein Bereich zu phantastisch ist, um dich anzuturnen oder an deine eigenen aufreizenden Tagträume zu erinnern. Jede der Frauen im Buch schickt ihrer Phantasie ein paar Informationen über ihr wirkliches Leben voraus. Dadurch wird offensichtlich, wie normal, wie verbreitet es ist, über bizarre, tabuisierte Dinge zu phantasieren, die uns im wirklichen Leben beunruhigen oder ängstigen würden oder vielleicht auch zum Lachen brächten. Erotische Phantasien greifen die unerträglichen oder unglaublichen Begebenheiten unseres Lebens auf und verwandeln sie in orgasmisches Dynamit.

Als neues Thema taucht in *Befreiung zur Lust* der Geschlechtertausch auf. Ich kenne allerdings Frauen, die schon lange bevor Friday das Thema an die Öffentlichkeit gebracht hat davon träumten. Eine Frau erzählt, daß ihre Klit, wenn sie sie reibt, in ihrer Vorstellung „immer größer [wird], bis sie so groß wie ein Penis ist ... Ich stelle mir vor, das zu empfinden, was ein Mann beim Geschlechtsverkehr empfindet. Und ich stelle mir vor, daß dieser Mann mit *mir* Geschlechtsverkehr hat."

Obwohl Friday diese neuen Phantasien, in denen Frauen mit traditionellen Männerrollen spielen, stolz präsentiert, bekommt sie ihre Materialsammlung nicht mit ihrer politischen Theorie unter einen Hut. Sie will beweisen, daß die flotten Frauen von heute die der Unterdrückung geschuldeten fiesen alten Vergewaltigungsphantasien auf den Müll geschmissen hätten und statt dessen den Spieß umdrehten und es genössen, Männer zu dominieren: „Statt in der Phantasie eine erotische Macht über die Männer auszuüben, erfanden die Frauen in *Die sexuellen Phantasien der Frauen,* selbst wenn sie in Wirklichkeit sehr dominante Persönlichkeiten waren, sogenannte ‚Vergewaltigungsphantasien'. Mehr gestanden sie sich nicht zu. Mit Hilfe von ein paar Worten – ‚Ich werde gezwungen, das folgende zu tun' – entwarfen sie ein hemmungsloses, unfeminines Szenario, das ihnen gleichzeitig die Möglichkeit gab, den Status des anständigen Mädchens aufrechtzuerhalten", erinnert sich Friday in *Befreiung zur Lust.* Sobald *Die sexuellen Phantasien der Frauen* erschienen war, lehnten die Frauen – wie der neuen Anthologie zu entnehmen sei –, die Vergewaltigungsphantasien über Nacht ab und verlangten totale Kontrolle über Männer.

So ein Blödsinn. Erstens sind Frauen keine Neulinge darin, Phantasien zu entwerfen, in denen sie sexuelle Macht ausüben, und zweitens haben wir uns nicht einfach von den Vergewaltigungsphantasien verabschiedet, nur weil wir heute das Jahrzehnt der Macha schreiben. Die Stellung einer Frau im Beruf oder zu Hause ist kein Barometer für die Ausrichtung ihrer Phantasien. Wieso hat Friday dies immer noch nicht kapiert? Eine Frau oder ein Mann in Führungsposition kann die haarsträubendste Vergewaltigungsphantasie entwerfen, ohne damit gleich auf der ganzen Linie willenlos zu werden. Eine bewußte Unterwerfung ist ebenso machtvoll wie eine Dominanzphantasie, denn in unserer Phantasie wird jede einzelne Einstellung von uns kontrolliert – egal, wie sehr wir es zu leugnen suchen. Ob wir in schenkelhohen Stiefeln herumstolzieren oder atemlos auf den Knien herumrutschen, hängt einzig und allein davon ab, in welcher Rolle wir am besten feucht werden. Wie Friday in ihrer Untersuchung *Die sexuellen Phantasien der Männer* belegt, neigen mehr Männer als Frauen zu Unterwerfungsphantasien. Also verschone uns mit diesen pseudofeministischen Bibelgeschichten.

Friday widmet den Frauen, die Männer dominieren, ein ganzes Kapitel, das sich als entzückendes Schatzkästchen entpuppt (besonders fabelhaft finde ich Louellen und ihre fünfzehn wohlausgestatteten Hausmänner), aber ich finde es ärgerlich, daß sie zahlreiche masochistische und Unterwerfungsphantasien in Kapiteln versteckt, deren Titel nicht auf solche Inhalte schließen lassen.

Am schlimmsten aber geht sie mit lesbischen Phantasien um. Friday vertritt beharrlich die Ansicht, „alle Phantasien mit anderen Frauen beginnen und enden mit Zärtlichkeit." Doch in einer der darauffolgenden Geschichten erzählt eine Frau, eine ihrer Lieblingsphantasien bestünde darin, daß sie von einer Horde erbarmungsloser Macha-Lesben herumkommandiert wird – nicht der geringste Hinweis auf Zärtlichkeit findet sich in dieser Phantasie. In vielen weiteren lesbischen Phantasien geht das faszinierende Moment nicht von einer narzißtischen oder mütterlichen Haltung der Partnerinnen, sondern von ihrem zickigen oder „kerligen" Verhalten aus. Friday liegt mit ihrem von Vorurteilen bestimmten Bild, daß Lesben Sex als schwesterliche Brustanbetung mit Schlafzimmeraugen betreiben, komplett falsch. Ihr entgeht die Vielseitigkeit lesbischen Lebens, und die von ihr gesammelten Phantasien geben das Spektrum lesbischen Begehrens keineswegs treffend wieder.

All die Phantasien, die ihre Theorie von der neuen „dominanten Frau" nicht bestätigen, scheint Friday quer über das ganze Buch verteilt zu haben. Sie finden sich an den unmöglichsten Stellen. Ich mußte suchen und suchen, bis ich eine der tollsten „Unschuldige Babysitterin"-Phantasie fand, die ich kenne. („Ich babysitte bei zwei Jungen. Sie beschließen, mit mir Indianer zu spielen und fesseln mich. In diesem Moment betritt ihr Vater den Raum ...") Diese Phantasie war im Kapitel „Frauen mit stärkerem Verlangen als ihre Männer" untergemauschelt. Wäre die Anthologie von mir, hätte ich Kapitelüberschriften gewählt wie „Süße, unschuldige Babysitterinnen", „Agentinnen im Dienste des Voyeurismus" oder „Wahre Geschichten aus der katholischen Kirche".

Mit ihrer Behauptung, daß Frauen in ihren Phantasien inzwischen „die Oberhand haben", kultiviert Friday eine gefährliche Tendenz. Sie glaubt, daß die wirtschaftliche Unabhängigkeit der Frau irgendwie mit dem Inhalt ihrer Phantasien zusammenhänge. Dabei ist es völlig überflüssig, den Feminismus mit der These zu unterstützen, daß Frauen sich jetzt an Dompteusen- oder Rachephantasien ergötzten. Diese Art von Denken zensiert die Vielfalt und Vielschichtigkeit der wirklichen Phantasien von Frauen. Dahinter steckt dieselbe Haltung wie die meiner Professorin für Frauenstudien mit ihrer Überzeugung, daß nur unterdrückte Frauen Vergewaltigungsphantasien hätten und daß diese Schandflecken verschwänden, sobald wir feministisch sensibilisiert seien.

Tatsächlich jedoch bewirkt die Arbeit an deinem Bewußtsein, daß deine Phantasien dich nicht länger ängstigen. Du lernst zwischen den realen Ängsten und Grenzen in deinem Leben und der Möglichkeit, in deiner Phantasie jedes Extrem auszuleben, zu unterscheiden. Und *das* stärkt dein Selbst-Bewußtsein gewaltig. Erotische Träume bringen natürlich sehr mächtige und persönliche Bedürfnisse zum Ausdruck. Sie als eine Art Kaffeesatz zu betrachten kann nur auf eine ziemlich armselige Wahrsagerei hinauslaufen.

Wir können nicht davon ausgehen, daß bestimmte Etiketten ein entsprechendes Verhalten bedingen und umgekehrt. Nachdem ich von diesem vierzehnjährigen Scheißkerl ausgeraubt und befingert worden war, hatte ich mehrere Phantasien, die sich darauf bezogen. In einer davon, meiner Rachephantasie, platzte ich bei ihm daheim beim sonntäglichen Mittagessen herein und machte ihn vor seiner Familie zur Schnecke. Seine Mutter jagte ihn zur Tür hinaus und drohte ihm, nur ja nie wieder einen Fuß über die Schwelle zu setzen.

In einer zweiten, meiner „Ach hätte ich doch nur"-Phantasie, ignorierte ich die auf meine Brust gesetzte Klinge und streckte ihn mit einem Kinnhaken nieder. Als er auf dem Boden lag, spuckte ich auf ihn, und das Blut aus dem Schnitt auf meiner Brust tropfte ihm in die Augen.

In der dritten Phantasie allerdings stand ich nackt und wie angewurzelt auf dem Gehweg, während er mich mit den Fingern fickte. Er warf mir schmutzige Worte an den Kopf und gebärdete sich tierisch arrogant, während er mit seinem Messer um meine Nipples spielte. Die halbe Nachbarschaft rottete sich zusammen, und er lud sie ein, ihn abzulösen.

Zwei Mal hatte ich diese Phantasie, und beide Male kam ich dabei. Danach gelang es mir nicht mehr, diese Phantasie heraufzubeschwören. Sie wurde wieder von meinen alten Vergewaltigungsphantasien verdrängt.

Ein Jahr später zog ich wieder in mein altes Viertel, an den „Ort des Verbrechens" zurück. Inzwischen war ich ein ganzes Stück schlauer, und vor allem empfand ich es zum ersten Mal als mein ureigenes Territorium. Willkommen in meinem Viertel – mit allem, was dazugehört.

Strip Tea

Ihr wißt, wie schwierig es heutzutage ist, gute Bedienstete zu finden. Die Kavaliere sind ausgestorben, Diskretion ist ein Fremdwort, und Eleganz wird derzeit von *Müllers Möbelmarkt* definiert. Eine Frau aus guter Familie kann ihre gesamte Blütezeit durchleben, ohne auch nur einmal den Satz „Kann ich Ihnen zu Diensten sein?" zu hören, obwohl sie vielleicht ihr Leben damit zubringt, anderen zu dienen. Insbesondere Kindern und Männern.

Eine solch mißliche Lage könnte sogar starke Frauen zu Tränen der Verzweiflung treiben. Aber wenn's knallhart kommt, schmeißen die Knallharten eine Party. Eine sehr ungewöhnliche Party.

Vor einem Monat erhielt ich eine Einladung zu einem „Künstlerinnen-Salon". Uns wurde die Gelegenheit geboten, Texte vorzutragen, Bilder vorzustellen und vor allem einen stilvollen Nachmittagstee zu genießen. Am verheißungsvollsten aber klang das Versprechen auf der Einladung, daß uns Teegebäck und Punsch von nackten Sklaven serviert werden würden, die nicht unaufgefordert reden durften. Die Aussicht auf solch gesellige Nacktheit hatte natürlich ihren Reiz, aber würden ganz normale Männer es tatsächlich schaffen, fünf Stunden lang ihre Klappe zu halten? Das mußte ich sehen, um es zu glauben. Das würde ich mir um nichts in der Welt entgehen lassen.

Bei meiner Ankunft wurde ich tatsächlich von einem nackten Türsteher begrüßt, der mir aus dem Mantel half. Aber ach – außer ihm war kein weiterer dienstbarer Geist zu entdecken, und mittlerweile strömten die Gäste zuhauf herbei. Und was für eine entzückende Schar! Eine schlichte Tasse Earl Grey hätte meinen Nachmittag vollständig abgerundet. Doch obwohl die Gesellschaft erlesen und die Idee untadelig war, belief sich die Zahl der Sklaven, die uns zu Diensten standen, nur auf zwei, und obwohl sie sich redlich bemühten – ich glaube, keiner der beiden hatte in seinem Leben je auch nur eine Tasse Koffeinfreien eingeschenkt.

Auch die Gäste erwiesen sich, was die Kunst angeht, sich gepflegt bedienen zu lassen, als bedauernswert ungeübt. Einige von uns hatten sich zwar dem Anlaß entsprechend in Schale geworfen, aber andere waren doch tatsächlich im Jogginganzug erschienen! Eine entzückende Frau bot sich an aufzustehen, um mir ein Stück Gebäck zu holen. Als ich sie vorsichtig daran erinnerte, daß wir geladen waren, um uns bedienen zu lassen, verteidigte sie sich: „Das ist doch egal. Sonst bin ich doch auch stets zu Diensten." Aber das war ja genau der Punkt – dieser schnöden Wirklichkeit wollten wir doch entkommen.

Der schlimmste Affront aber bestand darin, daß ich mitten in der Party mitansehen mußte, wie eine attraktive Frau doch tatsächlich auf den Knien lag, um einem der sogenannten Sklaven den Nacken zu massieren. Ich mußte mich wirklich beherrschen, den beiden nicht Verstand einzubleuen!

Ich verließ die Party mit meiner Freundin Laura Miller. Wir ließen den Nachmittag noch einmal Revue passieren. Beide fanden wir, es sei eine wunderbare Idee gewesen, die Ausführung aber habe sehr zu wünschen übriggelassen. Wäre es nicht zauberhaft, solch eine Party in einer großen alten Villa zu veranstalten, mit Sklaven, die das Aussehen von griechischen Göttern und den Stil von Meßdienern besäßen?

„Ich werde auf immer davon träumen", verabschiedete ich mich. Laura hingegen verschwendete keine Zeit mit wehmütigen Träumen. Schon am nächsten Tag rief sie mich an: „Meine Freundin Amy Wallace, die Romanautorin, besitzt eine wunderschöne Villa in den Hügeln von Berkeley, und sie fände es toll, eine Teeparty nach unseren Vorstellungen zu geben. Ihr Wohnzimmer könnte aus Lord Byrons Tagen stammen, und es gibt sogar echte Dienstbotenkammern."

Ich blinzelte. Der erste Schritt, nämlich unseren winzigen Apartments in der verdreckten, von Kriminalität beherrschten Wohngegend für einen Nachmittag zu entfliehen, war mittels eines kurzen Telefonats gelungen. Doch wo um Himmels willen sollten wir die Sklaven auftreiben?

Laura arbeitete als Redakteurin bei der *San Francisco Weekly,* einer Wochenzeitung, in der sich Kontaktanzeigen jeglicher Couleur en masse finden. Sie erbot sich, einen Monat lang jede Woche eine Anzeige zu schalten. Ich hatte meine Zweifel, ob wir auf so etwas Abgedrehtes überhaupt Antworten kriegen würden. Ich glaubte eher in meinem Rolodex ein paar emanzipierte Jungs zu finden, die uns gern den Tee servieren würden.

Ich hatte ja keine Ahnung, an welch bloßliegenden Nerv unsere Suche rühren würde. Meinen ersten Eindruck von der Reaktion des amerikanischen Durchschnittsmannes gewann ich bei meiner nächsten Fahrt zur Autowerkstatt.

„Sieh mal, was ich vorhabe!" juchzte ich und wedelte Jake mit meiner sorgfältig entworfenen Anzeige vor der Nase herum:

Gruppe von kultivierten Bohemiennes sucht anmutige Sklaven für Dienste bei einer Teeparty. Arbeitskleidung: Adamskostüm. Sprechen nur auf Aufforderung gestattet. Hoher Standard. Serviceerfahrung Voraussetzung. Kein Sex. Bitte schick Deine Bewerbung mit Foto an Madam Tea Party.

„Warum zum Teufel sollte ich Lust haben, eine Horde von Weibern zu bedienen?" fragte Jake und lehnte sich gegen seinen schmierigen Schreibtisch. „Es gibt kein Geld dafür, oder? – Nee, niemals!"

Ein kleines unterschwelliges feministisches Gefühl brach sich in mir Bahn: „Frauen bedienen dich, seit du geboren bist", ereiferte ich mich, „und du kannst dir nicht mal vorstellen, für ein paar Stunden zu tauschen?"

In der darauffolgenden Woche traf ich Jake wieder. Er fragte, wie es mit meiner Suche voranginge. Die Anzeige war noch nicht erschienen, und ich hatte das Gefühl, es ginge überhaupt nicht voran. Meine schwulen Freunde meinten, sie hätten keinen Spaß daran, Frauen zu bedienen. „Warum denn nicht?" fragte ich. „Wo ist eure Liebe zum klassischen Theater geblieben? Hier geht es nicht darum, jemanden anzubaggern, hier handelt es sich um eine stilvolle Teeparty, die neue Maßstäbe setzen wird."

Meine Heterofreunde, auch die mitfühlendsten, gerieten wegen ihrer Schwanzgröße in Panik und fürchteten eine dauerhaftere Erniedrigung, als ich sie mir vorgestellt hatte. „Ich hätte dich doch nicht angerufen, wenn ich dich nicht für äußerst attraktiv hielte", versuchte ich den einen Freund zu beruhigen. „Wieso glaubst du, daß diese Party deine Karriere ruinieren könnte? Wo doch die erfolgreichsten Männer Amerikas mit all ihren ausschweifenden Ausflügen in die Niederungen der Boheme davonkommen?"

Doch all meine Versicherungen waren für die Katz. Jake bemitleidete mich ein bißchen und war vielleicht, aber auch nur vielleicht eine Spur fasziniert von der Idee. Er lud mich zu einer Spritztour auf seiner Harley ein und brüllte etwa auf der Hälfte der Strecke die ermutigendsten Worte, die ich bisher gehört hatte: „Ich bin kein bißchen braun!"

Der Abendnebel hüllte uns ein. „Das macht nichts!" schrie ich zurück. „Sonnenbräune ist nicht mehr angesagt!"

Doch schon bald nahm das Schicksal eine andere Wendung und meldete sich in Form eines Telefonanrufes. Die Mittwochsausgabe der Zeitung war erschienen. Ich war so pessimistisch gestimmt, daß ich eigentlich ein paar Tage verstreichen lassen wollte, bevor ich beim Telefonservice nachhakte oder den Briefkasten überprüfte. Aber kaum lag die *San Francisco Weekly* ein paar Stunden an den Kiosken aus, rief Laura mich auch schon an. „Zück deinen Stift! Du mußt diese beiden hier zurückrufen. Der eine ist ein Model aus Europa, und der andere arbeitet im Fairmont Hotel."

„Zwei Leute haben angerufen?" Ich war überwältigt.

„Sechs", berichtete Laura, „aber die anderen klangen wie Spinner." Sie diktierte mir die beiden vielversprechenden Nummern.

Innerhalb der nächsten zwei Wochen erhielten wir über hundert Anrufe und Briefe. Ich glaube, so etwas nennt sich ein durchschlagender Erfolg. Die Fotos und Personenbeschreibungen hätten ein Lehrbuch zum Thema „Überwinden von stereotypen Vorurteilen" gefüllt: Autohändler aus San Mateo, Computer-Millionäre aus Marin County, professionelle Ledersklaven, die nur über ihre Herrin zu erreichen waren, Surfertypen, mit denen nur über ihre Barkeeper Kontakt aufgenommen werden konnte, Punker, Aushilfsbedienungen, Matrosen und jede Menge Anwärter, die „alles tun würden, um für immer Ihr hingebungsvoller Sklave zu sein". Wow! Jetzt hieß es Einstellungsgespräche zu führen.

Bei diesem hochsensiblen Aufnahmeverfahren kam mir unsere vierte Gastgeberin, Lisa Palac, zur Hilfe. Lisa brachte den Mut auf, ihr Wohnzimmer für unsere persönlichen Vorstellungsgespräche herzugeben. Und sie verlangte ohne viel Federlesen, die Kandidaten nackt vorsprechen zu lassen. „Aber wie sollen wir es ihnen beibringen, ohne wie schmierige Wüstlinge zu klingen?" fragte ich. Ich hatte keine Ahnung, wie wir diese Peinlichkeit bewältigen sollten. Aber ich wußte, wen ich um Rat bitten könnte, nämlich jemanden, der sich häufig nackt vortanzen ließ. Also sprintete ich zu einem der letzten großen Striptease-Clubs, dem O'Farrell Theater der Mitchell Brothers, hinüber. Ich besuchte Vince, der die Dienstpläne der StripperInnen managt. Der blieb völlig cool. „Wir sprechen hier von einem Job, vergleichbar mit einem Casting fürs Fernsehen", meinte er. „Zuerst stellst du ihnen deine Fragen, und dann erklärst du ihnen, daß du ein Nacktfoto von ihnen machen willst. Das ist alles. Nach der Aufnahme bittest du sie, sich wieder anzuziehen." Das war mir bisher noch nicht einmal in den Sinn gekommen – daß es vielleicht schwieriger sein könnte, sie dazu zu bewegen, sich auch wieder anzuziehen.

Wenn unser Auftreten den Schlüssel zu erfolgreichen Einstellungsgesprächen darstellte, sollten wir, so fand ich, einen Fragebogen vorbereiten. Auf diese Weise ersann ich den „Fragebogen für Sklaven mit großer Zukunft":

Hast du schon einmal Tee serviert?
Hors d'œuvres?
Beherrschst du Hand- und Fußmassage?
Haarpflege?
Maniküre?
Das Beheizen eines offenen Kamins?

Den Bewerbern wurde mitgeteilt, daß sie in schwarzer Fliege, schwarzen Schuhen und passenden Socken auftreten müßten.

Natürlich interessierte es uns auch, warum diese Männer bei einer solchen Party bedienen wollten. Die meisten nannten als Grund den Reiz, erkoren worden zu sein, einer erlesenen Gruppe von Frauen zu Gefallen zu sein. Einige schien der Gedanke, daß es sich bei all den Gästen um Schriftstellerinnen handelte, besonders zu faszinieren. Ein Restaurantbesitzer erinnerte sich an endlose Parties, auf denen nackte Mädchen für die gaffenden Männer getanzt hatten, aber nie umgekehrt, und das machte ihm ein bißchen zu schaffen. Doch unser durchschnittlicher Bewerber litt nicht unter derartigen Schuldgefühlen. Ein besonders offenherziger Kandidat, ein sechzigjähriger Seehandelskaufmann, bekannte: „Mein ganzes Leben lang war ich ein mackerhafter Chauvi. In den letzten Jahren habe ich aber zunehmend erkannt, daß auch Frauen menschenähnliche Wesen sind und die gleichen Bedürfnisse und Wünsche wie alle anderen haben ..." Im selben Brief gestand er ein, daß es für ihn nichts Geileres gebe als eine dralle, dominante Frau.

Natürlich mußten wir unsere potentiellen Diener darauf aufmerksam machen, daß unsere Gäste nicht zwangsläufig dominant – oder matronenhaft – sein würden, sondern daß es sie nach nichts anderem gelüstete als nach einer mit vollendeter Anmut servierten Tasse Tee. Zu diesem Zweck fügten wir eine Warnung hinzu: „Es handelt sich hier weder um eine Sex-Party noch um einen Nuttenverein. Wir haben kein Interesse daran, dich auf dieser Party zu bestrafen, zu demütigen oder zu unterwerfen. Wenn dir die Veranstaltung nicht zusagt, kannst du mit einer der Gastgeberinnen sprechen und unauffällig verschwinden. Sind die Gastgeberinnen der Meinung, daß du dich unangemessen benimmst, werden sie dich auffordern zu verduften."

Die Jungs wurden nach folgenden Kriterien bewertet: Gesicht, Körper, Anmut, Serviceerfahrung sowie – letztlich ausschlaggebend – Persönlichkeit. Vor diesen Einstellungsgesprächen war mir nicht bewußt gewesen, daß ich tatsächlich in der Lage bin, Menschen ungehemmt nach ihrem Äußeren zu beurteilen. Diese Art von Diskriminierung hatte ich nämlich während meines bisherigen Daseins zu vermeiden gesucht. Hier stand ich aber plötzlich vor der Erfordernis, bei Männern, die nichts weiter von sich geben sollten als „Sahne oder Zucker?", gleichermaßen auf ihre Muskeln wie auf ihre Grazie zu achten.

Ganz anders als Frauen in einer solchen Situation scheuen Männer sich nicht, sich unabhängig von ihrem Aussehen für solch einen Job zu bewerben. Einer schrieb, über sein Äußeres könne er nichts weiter sagen, als daß kleine Kinder nicht gerade schreiend davonliefen, wenn er auf die Straße ginge. Leider waren seine Ehrlichkeit und Selbstironie bei unserer Suche nach dem vollkommenen Adonis keine hinreichenden Kriterien.

Zwei Männer bekamen während des Vorstellungsgespräches einen Steifen. Als selbstbeherrschte Teeparty-Hostessen würdigten wir sie selbstverständlich keines besonderen Blickes. Drei Jungs erschienen im französischen Dienstmädchen-Outfit. Das sah zwar recht niedlich aus, aber wir hielten an unserer Richtlinie, nur Diener einzustellen, fest. Einer brachte einen Strauß Rosen mit (Zusatzpunkt), ein anderer jammerte, daß er es nicht einsähe, Geld für eine Fliege auszugeben (sofortige Ablehnung), während das Bewerbungsschreiben eines weiteren wie Musik in unseren Ohren klang: „... Betonung liegt auf einem Service, der Ihren Wünschen oberste Priorität einräumt."

Schließlich entschieden wir uns für die folgenden sechs Sklaven:

K. sah aus wie Bon Jovi und hatte als einziger Erfahrung mit der S/M-Szene, war also mit den Feinheiten der Sklaven-Etikette vertraut.

P. befanden wir als den Traum aller Gastgeberinnen: ein Amerikaner italienischer Abstammung, der in einem der Top-Restaurants der Stadt arbeitete.

T. hatte zweifelsohne den meisten Charme aufzuweisen und sprach zudem mit einem perfekten britischen Akzent, der uns fast dazu verführte, ihm eine begrenzte Redeerlaubnis zu erteilen.

J., der einzige aus meinem persönlichen Bekanntenkreis, der sich auf das Gesuch nach wohlgestalteten Dienern gemeldet hatte, konnte mit ausgezeichneten Massagekenntnissen aufwarten, die seine unzureichende Erfahrung beim Servieren von Tee und Gebäck wettmachten.

R., ein Hawaiianer chinesischer Abstammung und einer unserer jüngsten Bediensteten, gewann unsere Herzen, als er beim Fototermin das Kinn hob und die Augen schloß. „Wie ein Chorknabe!"

rief ich. „Ich *war* früher einmal Chorknabe", antwortete er. Volltreffer.

S. schließlich, der typische braungebrannte blonde Knabe aus Los Angeles machte das Rennen eigentlich nur, weil er in einem zweiten Brief nachhakte und versprach, der beste Diener aller Zeiten zu sein, und mutmaßte, daß die ganze Sache ein echt „heißer Trip" werden würde.

Nun, da unsere Sklavensammlung vollständig war, stand ich einem neuen Problem gegenüber. Unsere zwei Dutzend Einladungen fanden nicht gerade begeisterten Anklang. Glaubt mir, ich hatte nur Schriftstellerinnen mit tadellosem Leumund und von toleranter Gesinnung angeschrieben. Aber als ich eine enge Freundin anrief, von der ich eigentlich geglaubt hatte, daß sie unmittelbar nach Erhalt der Einladung schon überlegte, welchen Hut sie tragen würde, erfuhr ich die bittere Wahrheit.

„Ich weiß nicht, was ich von dieser Art, Menschen zu behandeln, halten soll", sinnierte sie. „Ich würde es schließlich auch ablehnen, wenn Männer von nackten Frauen bedient werden wollten – warum sollte ich es also gutheißen, den Spieß umzudrehen?"

„Glaub mir", versuchte ich sie zu überzeugen, „diese Jungs haben sich aus reinstem Eigennutz beworben ... Ich bitte dich ja nicht darum, sie in den Hintern zu treten, sondern nur darum, einmal eine Tasse Tee zu genießen, ohne einen Finger krumm zu machen."

Falls es je eines Beweises dafür bedurft hätte, wie lächerlich die Vorstellung von umgekehrtem Sexismus ist, hätte diese spleenige Party ihn geliefert. Frauen sind es nicht im entferntesten gewöhnt, ihre Wünsche von den Augen abgelesen und wortlos erfüllt zu bekommen. Selbst Amy, die in einer reichen, absolut in sie vernarrten Familie aufgewachsen ist, gestand mir hinterher, daß ihr die Erfahrung, von vorn bis hinten bedient zu werden, völlig neu gewesen sei.

Jetzt höre ich viele Männer laut Einspruch erheben, daß auch sie diese Erfahrung nie gemacht hätten, aber das liegt nur daran, daß sie es einfach nicht wahrnehmen, sondern für selbstverständlich halten. Wer putzt ihre Wohnung? Wer kocht ihre Leibgerichte? Versetzt sich in ihre Lage, wenn sie von der Arbeit nach Hause kommen? Erahnt, wie sie berührt werden wollen? Mit größter Wahrscheinlichkeit eine Frau, denn zu hegen und zu pflegen ist gemeinhin der weibliche Lebenszweck. Beim derzeitigen Stand der Dinge führt das Umdrehen des Spießes nicht einfach zu einer umgekehrten, aber gleichartigen Situation. Denn in ihren neuen Rollen imitieren Frauen und Männer nicht einfach das Vorbild des jeweils anderen Geschlechts, sondern lassen ihre Phantasie erst einmal staunend durch die Gefilde dieser neuen Möglichkeiten schweifen.

Andere Freundinnen von mir äußerten ihre Bedenken unverblümter und ohne politisches Unterfutter: „Was, wenn einer von denen mir ein Gurkensandwich reicht und sein Dingsbums mir direkt vor der Nase herumbaumelt?"

„Du sollst deine Aufmerksamkeit nicht auf die Jungs, sondern auf die anderen Gäste richten, deren Anblick – falls sie dem Garderobenzwang (Kleid oder Frack war gefordert) Folge leisten – dich weitaus mehr erquicken wird."

Weitere Bedenken, die mich ärgerlich stimmten, wurden von einigen meiner lesbischen Freundinnen geäußert, die der Vorstellung, von nackten Männern bedient zu werden, nichts abgewinnen konnten als ein Gefühl der Übelkeit.

„Hier geht es nicht um sexuelle Vorlieben!" entgegnete ich. „Wenn dem so wäre, hätte ich mich als nackte Sklavin verdingt und die geladenen Frauen trügen alle Cowboystiefel. Wir sprechen hier von einem radikalpolitischen gesellschaftlichen Ereignis. Diese Männer sind nicht gerade eine Augenbeleidigung. Und was die Anmache angeht, so besteht die Gästeliste aus einer einmaligen Auswahl der unwiderstehlichsten Frauen."

Die sechzehn Frauen, die schließlich teilnahmen, waren in der Tat ausnahmslos erlesene Geschöpfe, was ihren Intellekt und ihr Aussehen betraf. Rupa erschien als Kleopatra in Sandalen und mit einem goldenen, schlangenförmigen Kopfschmuck. Lily hatte ihren Körper, den sinnbetörendsten, der jemals dem Schaum entstiegen ist, in ein Korsett geschnürt. Honey Lee sah aus, als sei sie in ihrem Frack auf die Welt gekommen, und Susans sahnige Kurven quollen aus einem trägerlosen violetten Lackkleid. Ich selbst trat anfangs in einem hinten geschnürten schwarzen Lederrock auf, trug gegen Ende aber, als mir zunehmend heißer wurde, schließlich nur noch meinen Slip und den Strohhut mit dem meterlangen Schleier.

Mein Freund Tom O'Connor bereitete für uns ein erlesenes Festmahl zu: geräucherter Lachs und frische Erdbeeren, raffinierte Kanapees, Madeleines und eine Auswahl an Buttergebäck. Der Fotograf Michael Rosen gestaltete Amys Bibliothek im ersten Stock zu einem viktorianischen Porträtstudio um. Exhibitionistinnen konnten also einen Sklaven ins Schlepptau nehmen und mit züchtig gefalteten Händen für ein Bild posieren, während ihre Füße mit fotogener Leidenschaft geküßt wurden. Ich bat Michael, ebenfalls nackt zu erscheinen, verschonte aber den Koch, der schließlich die dominanteste Position innehatte.

Ich glaube, die besten Stunden waren der Literatur gewidmet. Die Dichterinnen aus unserem Kreis bauten sich vor dem Kamin auf und heizten uns mit angemessener Poesie ein. Vieles davon war so erotisch, daß ich mich kaum auf den süßen Sklaven zu meinen Füßen konzentrieren konnte. Er löste meine Strümpfe von den Strapsen, rollte sie herunter, erwärmte meine Füße mit Öl und ließ meine Zehen mit seinem zarten Brustflaum spielen, während er meine Ballen knetete und zwischen den Handflächen rollte. Eine nette Zerstreuung. Unser blonder S. bürstete mein Haar, bis es glänzte, doch leider verschwand er im Verlauf der Party. Später erfuhr ich beim Dienstbotenklatsch mit J. zu meinem Entsetzen, daß S. „die Puppen nicht scharf genug" fand. Ich kann nur sagen, daß er mein Haar Strähne für Strähne mit äußerster Hingabe gestriegelt hatte.

Irgendwann kam R. ganz verzweifelt zu mir und wies mich darauf hin, daß eine Gruppe von Männern die Hausfassade begutachtete. „Ach die – das sind nur Architekturstudenten", gelang es Tom, ihn zu beruhigen. Mit dem Postboten hingegen sah es anders aus. Der glotzte einmal, glotzte ein zweites Mal, und dann rannte er davon, als sei der Teufel hinter ihm her.

Mir gelang es erst gegen Ende der Party, mich wirklich zu entspannen, egal wie häufig ich am Tee mit Brandy nippte oder wie oft ich massiert wurde. Ich traute mich erst ganz am Schluß, meine Hüllen fallenzulassen, als wir auf alle Anwesenden, besonders auf die Sklaven, anstießen und uns in der Bibliothek zu einem letzten Fototermin für Gastgeberinnen und Diener zusammenfanden.

„Könntet ihr mich vielleicht einmal auf den Händen tragen – in einer Art lebenden Wiege?" bat ich meine fünf übriggebliebenen Engel. Und P., der zu meiner Rechten stand, fragte ich, ob ich mich an seine Brust krallen dürfte – „nur für das Foto". Dann ließ ich mich so graziös wie möglich in ihre zehn starken Arme sinken.

Was für ein Tag! Die jüngsten wie ältesten Gäste verabschiedeten sich mit den Worten, daß sie niemals zuvor eine so stilvolle, erlesene Party erlebt hätten. Pech für diejenigen, die unsere Einladung aus Angst vor sexueller Nötigung oder Erniedrigung abgelehnt hatten. Kannte außer uns sechzehn einsamen Seelen niemand mehr die Bedeutung des Wortes „Stil"? Wußte niemand mehr, was „sagenhaft" hieß? Wie sollte der Ruf San Franciscos als Ort der Avantgarde erhalten bleiben, wenn sich nicht ein paar aufgeklärte Perverse dafür abrackerten?

Am folgenden Tag telefonierte ich mit meinen engsten Freundinnen Laura, Lisa und Amy. „Ich bedaure nur eines", gestand ich ihnen, „ganz am Ende, wißt ihr ... als mich diese Jungs vor der Kamera hochhielten, da hätte ich unsere Regeln doch gern geändert. In dem Moment hätte ich Lust auf ein bißchen Sex gehabt."

Eiertanz

1966, als ich acht Jahre alt war, gab mir meine Mutter ein rosarotes Büchlein: *Ein Baby kommt zur Welt.* Den vielen Großaufnahmen und Grafiken war genau zu entnehmen, wie Spermien und Eizellen aussehen, wie sie sich vereinigen und wie ein Fötus in den einzelnen Wachstumsstadien ausschaut.

Aber wie trafen sich Sperma und Ei überhaupt? Im Buch hieß es einfach: „Mami und Papi haben sich sehr lieb. Sie kuscheln sich aneinander, und nach dem Geschlechtsverkehr macht sich das Sperma auf den Weg, die Eizelle zu befruchten." Hierzu gab es keine Abbildung. Vermutlich habe ich damals zum allerersten Mal versucht, zwischen den Zeilen zu lesen. Doch ich fand nichts.

Fünfundzwanzig Jahre später war ich selbst schwanger und besorgte mir meine eigene Sammlung rosafarbener und hellblauer Ratgeber, die mit nützlichen Hinweisen für werdende Eltern nur so gespickt waren. Natürlich gab es reichlich Informationen über die Entwicklung des Fötus und diverse Stilltechniken. Doch ich konnte es mir nicht verkneifen, in jedem Stichwortverzeichnis nach dem Eintrag „Sex – während und nach der Schwangerschaft" zu suchen. Sämtliche Ratgeber folgten mehr oder weniger dem gleichen Muster: „Mami und Papi haben sich sehr lieb ..." In etwa dieser Tonart waren alle weiteren Ratschläge zu Sex gehalten: unklares, manchmal fast beängstigendes Geschwafel um den heißen Brei.

Zunächst einmal beruhen solche Sextips für Schwangere, egal ob sie aus Broschüren stammen oder vom peinlich berührten Arzt, auf einer groschenromanhaften Vorstellung von der Ehe und gehen kaum auf die dramatischen körperlichen Veränderungen und Gelüste einer Schwangeren ein. Sie widmen sich jedoch ausführlich dem Thema, wie mit den zwiespältigen Gefühlen, die der Ehemann gegenüber dem sich verändernden Körper seiner Frau empfindet, umzugehen sei und welches Hindernis die Schwangerschaft für die üblichen Sexgewohnheiten darstelle.

Keines jener Bücher stammte etwa aus den sechziger Jahren. Nein, es wimmelte nur so von feministischen und ganzheitlichen Ansätzen zum Thema Mutterschaft. Sie nahmen Bezug auf berufstätige Mütter, widerlegten die sexistischen Vorurteile gegen das Stillen und boten alle möglichen Wege an, zu einer positiven Selbsteinschätzung als werdender Mutter zu finden. Ich begann mich zu fragen, ob eigentlich irgend jemand *wußte*, was während der Schwangerschaft mit dem Sexleben einer Frau geschieht. Die mit Abstand deutlichste Aussage in all diesen Büchern lautete sinngemäß etwa: „Manchmal ist sie geil auf Sex, manchmal aber auch nicht." Nun, es wäre nicht das erste Mal, daß die traditionelle Medizin nichts zum Verständnis weiblicher Sexualität beizutragen wüßte.

Mittlerweile begann meine Klit zu wachsen. Es ist allgemein bekannt, daß Bauch und Brüste einer Schwangeren größer werden. Warum hatte mir niemand erzählt, daß meine Genitalien auch wachsen würden? Meine Möse schwoll mit zunehmender Durchblutung an, meine Lippen wurden dicker, meine Klit lugte ein Stück unter ihrer Kapuze hervor. Zu diesem Zeitpunkt verschlang ich absolut alles, was zum Thema Schwangerschaftssex auszugraben war, und indem ich Bruchstücke sachdienlicher Hinweise zusammensetzte, erfuhr ich, daß ich hinsichtlich dieser Vorgänge kein Einzelfall war.

Ich fand es ein bißchen peinlich, erst mit dreiunddreißig Jahren zu begreifen, daß meine primären und sekundären Geschlechtsmerkmale nicht bloß der Schau dienten oder zum

Streicheln da waren. Das in mir heranwachsende Leben beherrschte mein physisches und psychisches Befinden, und ich schwankte zwischen Davonlaufen und Hingabe. Ich fühlte mich außergewöhnlich sinnlich und sexbedürftig, und doch konnte ich ab der zwanzigsten Woche meiner Schwangerschaft nicht mehr so erfolgreich masturbieren, wie ich es seit meiner Kindheit gewohnt war. Dies versetzte mich gleichermaßen in Erstaunen wie in Panik. Meine pralle Klit fühlte sich unter meinen Fingern anders an – zu empfindlich, um sie in der gewohnten Weise zu berühren. Aber welche anderen Möglichkeiten gab es?

In diesem Moment fiel es mir wie Schuppen von den Augen. Sämtliche Fachleute rätseln, warum einige Frauen während der Schwangerschaft geiler werden, während andere ihr Interesse am Sex zu verlieren scheinen. Ich sage euch: Keiner Frau vergeht die Lust – nur die üblichen Sexpraktiken gehen nicht mehr so leicht von der Hand. Wenn ihr und eure Geliebten es nicht schafft, euch neue Wege der Erregung und Stimulierung zu eröffnen, dann werdet ihr in Sachen Sex allmählich frustriert und laßt es schließlich ganz bleiben.

Doch neue Techniken reichen nicht aus. Für eine schwangere Frau ist es unentbehrlich, sich begehrenswert *und* beschützt zu fühlen. Wenn sie von außen keine Geborgenheit vermittelt bekommt, wird sie undurchdringliche Mauern um sich errichten.

Ich halte es inzwischen für einen Mythos, daß manche Frauen während dieser neun langen Monate keine Lust auf Sex haben sollen. Einige empfinden die sexuellen Veränderungen, die ihr wachsender Körper fordert, als bedrohlich, aber viele andere Frauen, die ich befragt habe, gestanden mir: „Ich war so geil, aber ich konnte es einfach niemandem sagen."

Es ist eine erschreckende Glanzleistung des amerikanischen Puritanismus, uns eingeredet zu haben, daß Schwangerschaft und Sex einander ausschließen – die krasseste Ausprägung der Trennung zwischen Hure und Jungfrau. Bitte erwähne während jener neun Monate niemals, wie es dazu kam – dein Name sei Maria.

Marias durchschnittliche körperliche Veränderungen aber haben nur wenig mit der unberührten Empfängnis gemein. Die Möse einer Frau verwandelt sich während der Schwangerschaft, ihr Inneres ebenso wie die Mösenlippen und die Klit. Sie wird feuchter, Geruch und Beschaffenheit des Mösensaftes ändern sich. Wenn sich eine schwangerschaftstypische Hefepilzinfektion einstellt, riecht frau wie ein riesiges Plätzchen.

Als ich während meiner Schwangerschaft gefickt wurde, fühlte ich mich wie ein Karamelbonbon. Ich verhielt mich passiver als je zuvor, verspürte weder die Absicht, mir einen umzuschnallen, noch obenauf zu sein – ich wollte gar nichts weiter tun, als alles in mich aufzunehmen und zu schweben. Ich kam mir vor wie ein riesiger Eierwärmer.

Genaugenommen bekommst du frühestens nach fünf, sechs Monaten einen gigantischen Bauch. Während die Ratgeber für Schwangere sich über die Vor- und Nachteile verschiedener Stellungen beim Sex streiten, befand ich das Problem für gar nicht sehr groß. Gängige Sexratgeber konzentrieren sich auf „Positionen" und geben sich damit einen „sportlichen" Anstrich, den ich für typisch männlich halte. Du kannst zum Beispiel ziemlich lange auf dem Rücken liegend ficken, solange dein/e Partner/in nicht darauf besteht, auf dir zusammenzubrechen. Flach auf dem Bauch zu liegen erübrigt sich natürlich nach etwa sechs Monaten, aber leicht auf die Seite gedreht, geht es ausgezeichnet. Oft wird vorgeschlagen, daß sich die Frau „nach oben" begeben soll, aber ich konnte mich, wie gesagt, nicht dazu durchringen.

Sex trägt auch entscheidend zur Geburtsvorbereitung bei. Stell dir vor, daß du mit der Geburt den größten Sexakt deines Lebens vor dir hast, und alles weitere ergibt sich von da an von selbst. Wenn du so schlau bist, an einer Geburtsvorbereitungsgruppe teilzunehmen, triffst du möglicherweise auch auf eine Kursleiterin, die dir etwas über die erotische Seite der Geburt erzählen kann.

Meine Kursleiterin behandelte das Thema auf eher subtile Weise. Im vierten Monat verteilte sie eine fast unleserliche Kopie mit einer Anleitung für eine Übung namens „Damm-Massage". Ich dachte über meinen Damm nach, dieses kleine Stück Haut zwischen Möse und Arsch und fragte mich, was es mir bringen sollte, eine Fläche von der Größe eines Fingernagels zu reiben.

In dem Faltblatt (welches natürlich mit dem üblichen Schmonzes begann: „Mami und Papi haben sich sehr lieb ...") wurde erklärt, daß Papi die Öffnung der Vagina mit den Fingern massieren und damit die Muskeln veranlassen sollte, sich zu entspannen, bis er einen Finger nach dem anderen und schließlich eine Orange oder gar seine ganze Hand in Muttis Öffnung drücken könnte.

Seine ganze Hand! Ich rief eine meiner Freundinnen an, die als Mutter zweier Kinder und ehemaliger Pornostar ein breites Erfahrungsspektrum besaß, und fragte sie: „Ist Damm-Massage das gleiche wie ein Faustfick?"

„Natürlich", antwortete sie lachend. „Und es hilft wirklich."

Es leuchtete mir sofort ein. Eine Hand, die sich in meine Möse schiebt, entspricht in etwa dem Kopf eines Babys, der sich ans Licht der Welt zu drängen versucht. Wie aufregend! Zum ersten Mal erlebte ich eine Woge der Zuversicht, daß die Geburt erfolgreich zu bewältigen wäre. Da ich faustficken schon geübt hatte, war ich schließlich in bester Form für die „echte" Sache.

Nicht in jedem Krankenhaus oder Geburtsvorbereitungskurs wird die Damm-Massage erwähnt. Die meisten Paare und BeraterInnen denken nicht über Schwanz-Mösen-Sex hinaus. Es bedarf wohl einer anderen Art von Orientierung, um sich den Möglichkeiten zu widmen, die Finger und Hände bieten. Doch ein wenig Ermunterung und ein Faltblatt mit klaren Worten und

Bildern würde bestimmt dazu beitragen, daß viel mehr Frauen das Gefühl tiefer Entspannung und Verletzlichkeit genössen, das beim Faustfick oder auch – falls euch das besser gefällt – „Orangen-Fick" aufkommt.

Ich nervte meine Kursleiterin drei Wochen lang mit der Frage, ob sie glaube, daß Vibrieren während der Wehen die Schmerzen lindern könnte. Jedesmal vertröstete sie mich auf die nächste Woche. Statt dessen empfahl sie eine Reihe anderer Ablenkungsmanöver und Übungen: oft auf die Toilette zu gehen, die Lage zu verändern, ein Bad zu nehmen, die Aufmerksamkeit auf einen bestimmten Gegenstand zu richten und so weiter. Ich beschloß also ganz allein, daß ich mich auf meinen Zauberstab konzentrieren würde. Ich konnte mir vorstellen, daß das Vibrieren an meiner Klit einen netten Ausgleich zu den Kontraktionen in meinem Bauch bilden könnte.

Es gibt ein tolles Foto von mir im Kreißsaal: Meine Möse ist sechs Zentimeter weit geöffnet, und ich liege mit seligem Gesichtsausdruck da, während ich den Vibrator an meinen Venushügel halte. Ich dachte nicht daran zu kommen, aber der köstliche Rhythmus an meiner Klit legte sich wie dicker Zuckerguß über die tiefen, schweren Kontraktionen in meinem Bauch. Zu diesem Zeitpunkt hätte es mich zu sehr angestrengt und abgelenkt, mich mit den Fingern zu streicheln, und das elektrische Kabel war nur eines von etwa zehn, die die ÄrztInnen um mein Bett drapiert hatten. Wegen der ungewöhnlichen Lage meines Babys endete die komplizierte Geburt schließlich mit einem Kaiserschnitt. Aber ich hatte wunderbare Wehen genossen.

Meine Freundin Barbara gestand mir nach der Geburt ihres ersten Kindes, daß sie noch nie in ihrem ganzen Leben so geil gewesen sei. Als der Kopf des Babys zum Vorschein gekommen sei, habe sie ihren Mann wieder und wieder angefleht: „Ich will kommen, faß mich an, bitte, faß mich an!" – und er habe sie für hysterisch gehalten!

Es ist uns völlig fremd, das Gebären eines Kindes als sexuelles Erlebnis zu betrachten. Viele von uns stellen es sich eher als eine todesnahe Erfahrung vor – mir zumindest ging es so.

In den benachbarten Räumen im Krankenhaus hörte ich Frauen schreien. Ich wußte, daß diese Schreie nicht allein in Schmerz begründet waren, sondern in wilder panischer Angst. Es versetzt dich in Angst und Schrecken, wenn du nicht weißt, was dein Körper tut und wenn deine Sexualität von diesem unglaublichen Vorgang abgekoppelt ist. Angst vergrößert den Schmerz und verringert dein Durchhaltevermögen.

In der Woche, als ich meine Tochter zur Welt brachte, überschwemmte eine regelrechte Geburtenflut die städtischen Krankenhäuser. Seit dem großen Erdbeben in San Francisco waren etwa neun Monate vergangen. Anscheinend hatten sich viele diese ansonsten ernüchternde Zeit zu Hause auf fruchtbare Weise vertrieben. Den anderen Frauen, die während der vierundzwanzig Stunden, die ich im Krankenhaus verbrachte, ihre Kinder bekamen, schienen ihre Ehemänner nicht beizustehen. Ich konnte mir ihre Lebensgeschichten leicht vorstellen: Sie lebten allein oder lesbisch; ihre Männer wollten sie nicht sehen, hatten sie während der Schwangerschaft verlassen oder dienten weit weg in der Armee.

Ich fand nicht ein Buch über Elternschaft, das auf eine dieser Lebensweisen einging, obwohl sie so verbreitet sind wie die Empfängnis selbst. Das brüchige Märchen „Mami und Papi haben sich sehr lieb ..." macht nur insofern Sinn, als werdende Mütter geliebt und gehegt werden müssen. Denn sie werden in einem ungeahnten Maße geben müssen. Wenn eine werdende Mutter während der neun Monate keine Zärtlichkeit und Leidenschaft erfährt, wird die Bitterkeit, die sie empfindet, auch nach der Geburt nicht verschwinden – und ihre Kinder werden es garantiert zu spüren kriegen. Vielleicht kann ich ja Menschen, die beruflich mit werdenden Müttern zu tun haben, davon überzeugen, daß Werbung für guten Schwangerschaftssex ein Schlüssel zu psychisch gesunden Kindern ist.

Nach der Geburt instruiert dich deine Ärztin oder dein Arzt, daß du die nächsten sechs Wochen „enthaltsam" sein sollst. Wir alle kennen die Frau, die gesagt haben soll: „Und wenn ich die nächsten sechs Jahre keinen Sex habe, ist mir das auch egal." Aber wenn ihre Möse wund ist, warum sollte sie es nicht genießen, geleckt zu werden? Ihre Brüste beginnen, die Vormilch abzugeben und jemand, die/der etwas davon versteht, sollte an ihnen saugen. Denn Babies kriegen den Dreh nicht unbedingt sofort raus und wollen schon gar nicht auf Muttis Befehl.

In Wirklichkeit ist diese Sechs-Wochen-Regel rein willkürlich. Sie beruht auf der Angst vor einer Infektion durch das Eindringen eines Schwanzes. Sex ist aber mehr, als bloß Sperma in die Möse zu spritzen. Was soll nach Ablauf der sechs Wochen schon Magisches passieren? Muttermund und Möse befinden sich nicht bei jeder Frau in demselben Zustand. Aufgrund meines Kaiserschnitts hatte ich zum Beispiel nie eine volle Vaginalgeburt durchgemacht. Ohne genau zu wissen, welches Risiko ich einging – aber ich bin mir ganz sicher, daß auch der Arzt nicht wußte, wovon er redete –, verließ ich das Krankenhaus und hatte sechs Tage nach der Geburt meiner Tochter wieder Sex.

Ich habe mich mit vielen Frauen unterhalten, die ähnliches zugaben. „Mein Mann und ich hatten uns so lange auf unser Kind gefreut", sagte meine Hebamme, die mit über Vierzig ein Kind bekam, „daß wir sofort intim miteinander werden wollten." Es gefiel mir, daß sie die Wendung „intim werden" benutzte, denn ich glaube nicht, daß du einfach nicht an dich halten kannst und es gleich wild treiben mußt, nachdem das Kind geboren ist. Du sehnst dich eher nach Nähe, möchtest entspannen und feiern, was dir während der Wehen nicht unbedingt möglich war.

Meine Hebamme erzählte mir auch, daß sie begonnen hätte, ihre Klientinnen zu fragen, wann sie nach der Geburt wieder Sex gehabt hätten. Viele hätten sich nicht an die Sechs-Wochen-Regel gehalten. Außerdem hätten die Frauen, die relativ früh wieder Sex hatten, auch schneller wieder angefangen zu menstruieren. Diese kleine Auskunft einer Fachfrau – die normalerweise solche Dinge nicht ausplaudert – verwies mich einmal mehr darauf, wie wenig wir wissen, nur weil Informationen tabuisiert und nicht ausgetauscht werden.

Ein Kind zu stillen bildet eine weitere Quelle emotionalen Chaos sowohl in bezug auf erotische wie auf andere Empfindungen. Während die eine Frau sich vor Schmerzen windet, weil ihre wunden Nipples bluten, kriegt die andere einen Orgasmus, wenn ihr Baby saugt. Auch in dieser Hinsicht gilt, daß ein offener Austausch über diese Dinge viele schmerzhafte Erfahrungen verhindern könnte. Schließlich ist in der Kunst des Stillens noch keine Meisterin vom Himmel gefallen, und es hilft enorm, wenn dir jemand erklärt, wie du es dir möglichst angenehm machen kannst.

Mir reichte es vollkommen, mein Baby einigermaßen gekonnt zu stillen. Erotische Gefühle kamen mir eher, als meine Brüste in anderen Situationen auf sich aufmerksam machten. Sexuelle Erregung läßt während der Stillzeit Milch aus deinen Brüsten austreten – noch eine wichtige Information, die in den Elternratgebern fehlt. Zwar habe ich schon zahlreiche Vorträge über G-Spot-Orgasmen gehalten, aber ich selbst habe beim Sex noch nie um mich gesprüht. Anfangs wurde mir ganz schwindlig – erst vor Peinlichkeit, dann vor Erregung. Mein Leben lang hatte ich zu der Sorte Frauen gehört, die ihre Orgasmen verbergen können. Ich konnte kommen, ohne laut zu schreien, konnte mich gewissermaßen heranpirschen. Daß sich meine Nipples jetzt nicht nur versteiften, wenn ich erregt war, sondern kleine Milchfontänen verströmten, schien mir für meine Person ungewöhnlich indiskret. Aber ich genoß es, die Milch auf der Brust meiner Geliebten zu verreiben oder auf meiner eigenen. Ich empfand es als eine weibliche Variante von Manneskraft – jetzt produzierte ich den größten feuchten Fleck. Genau das gegenteilige Gefühl rief bei mir die elektrische Milchpumpe hervor: Ich kam mir vor wie eine Milchkuh – effektiv gemolken, aber total unerotisch.

Der Fairneß halber möchte ich meinen Diskurs über die erotischen Dispositionen während der Schwangerschaft nicht abschließen, ohne darauf zu sprechen zu kommen, wie sich die sexuellen Phantasien in dieser Zeit verändern können. Oft scheinen unsere Phantasien in sehr jungen Jahren wie in Stein gemeißelt worden zu sein, so daß sie sich im Erwachsenenalter dann nur mühsam verändern. Mit der Schwangerschaft erlebt eine Frau aber den zweiten riesigen Hormonschub nach der Pubertät, und was ihr beim Orgasmus in den Kopf kommt, mag sie völlig überraschen. Ich jedenfalls fand es verblüffend.

Im nachhinein erkenne ich, daß mein Phantasieleben während der Schwangerschaft eine läuternde Wirkung hatte. In bezug auf das Kinderkriegen plagte mich nämlich neben der Angst, im Kindbett zu sterben, noch eine weitere riesige, irrationale Furcht: Gesetzt den Fall, ich brächte einen Jungen zur Welt, wüßte ich nicht, wie ich ihn erziehen sollte. Ich würde mich als komplette Versagerin entpuppen – ob ich ihm nun beibringen sollte, wie er die Toilette benutzt oder wie man einen Drachen steigen läßt. Abgesehen von armseligen Stereotypen hatte ich keine Ahnung, wie kleine Jungs überhaupt sind. Ich selbst habe keine Brüder, wuchs bei meiner Mama auf und trug schon immer lieber Kleider.

Ich lebte zwar allein, unterhielt mich aber während der Schwangerschaft und auch danach häufig mit dem Vater meines Kindes. Er fürchtete, daß ich mir für das Baby schon den politisch korrekten Kleidungsstil ausgedacht hätte. „Wenn es ein Mädchen wird, muß sie garantiert dauernd Hosen tragen", sagte er und schmollte.

„Keineswegs", entgegnete ich und dachte dabei an die Art von Kleider, von denen ich früher immer geträumt hatte. „Wenn es ein Mädchen wird, sorge ich dafür, daß ihre Kleidchen vor Spitzen, Volants und Puffärmeln nur so überquellen."

„Und wenn es ein Junge wird ...", begann der werdende Vater.

„... wird er schnuckelige Kleidchen mit Spitzen, Volants und Puffärmeln kriegen", vollendete ich.

Doch unter solchen Scherzen verbarg ich nur meine Unsicherheit. Ich hatte wirklich nicht die geringste Ahnung, was kleine Jungs tragen sollten.

Eines Abends hatte ich Sex mit meinem Freund John und stellte mir dabei vor, er sei mein Sohn. Ich kam wie eine Rakete und brachte es wochenlang nicht über mich, ihm davon zu erzählen. Doch die ganze Zeit über wollte dieses Bild in meinem Kopf nicht verblassen. Ich erinnerte mich an einen ziemlich miesen Pornofilm, den ich mir Jahre zuvor einmal angesehen hatte. In diesem Porno mit dem Titel *Taboo* hat der Sohn der wunderschönen Kay Parker (in Wirklichkeit ein erwachsener Schauspieler namens Mike Ranger) einzig und allein Augen für seine Mutter. Als ich den Film damals sah, vermochte er mich nicht im mindesten zu erregen. Doch jetzt brauchte ich nur an diese Szene zu denken und wurde sofort geil. Ich konnte plötzlich weder masturbieren noch Sex mit jemand anders haben (egal ob Mann oder Frau), ohne mir in meiner Phantasie diese inzestuöse Begegnung zusammenzubrauen.

Zur selben Zeit fiel mir auf, daß ich in meiner Vorstellung und in Gesprächen mit FreundInnen und Familie viel lockerer mit der Möglichkeit umging, einen Sohn zu kriegen. Ich wußte immer noch nicht, welches Geschlecht mein Kind haben würde und hatte im Gegensatz zu vielen anderen werdenden Müttern auch kein Interesse daran, es zu erfahren. Ich begann auf der Straße Mütter mit ihren Söhnen wahrzunehmen, und statt in Panik zu geraten, lächelte ich sie an. Jemand schenkte mir ein

Buch darüber, wie aus mir ein guter „Papa" werden konnte, mit allen möglichen Ideen zu Butch-Spielchen wie etwa Steine übers Wasser hüpfen lassen und Ballwerfen. Ich verschlang es und amüsierte mich köstlich. Ich fragte all meine FreundInnen, ob ihre Väter ihnen solche Sachen beigebracht hätten. Die Auskünfte warfen viel Licht auf unsere unterschiedlichen Auffassungen von Geschlechterrollen.

Als das ÄrztInnenteam schließlich Aretha aus meinem Bauch zog, strahlten sie vor Freude. „Es ist ein Mädchen!" rief jemand. Ich fühlte mich entsetzlich schwach von der Narkose, aber ein kleines warmes Gefühl machte sich in mir breit, und ich vergoß Tränen der Erleichterung. Ich war so froh, eine Tochter bekommen zu haben.

Als ich nach Hause zurückkehrte und zum ersten Mal Gelegenheit hatte zu phantasieren (Schlafentzug ist dem doch sehr abträglich), konnte ich mir meinen Phantasie-Sohn um nichts in der Welt mehr vor Augen rufen! Er hatte sich davongemacht. Meine Inzestphantasie hatte meine Angst davor, einen Sohn zu kriegen, zum Ausdruck gebracht. Als die Möglichkeit ausschied, verlor auch diese Phantasie ihre Zauberkraft. Ich weiß nicht, was mit dieser Phantasie passiert wäre, wenn ich tatsächlich einen Sohn zur Welt gebracht hätte. Vermutlich wäre ich – genau wie nach Arethas Geburt – zu neuen angstbesetzten Themen vorgestoßen, die sich zu frischem erotischem Brennstoff entwickelt hätten.

Im Moment phantasiere ich schon wieder davon, schwanger zu sein, und das nenne ich echt abartig. In Wirklichkeit steht mir nicht im mindesten der Sinn danach, mich einen Monat von nichts als trockenen Keksen zu ernähren und das kommende halbe Jahr alle zehn Minuten aufs Klo spurten zu müssen. Aber ich hege glühende Erinnerungen an die sexuellen Entdeckungen, die ich während meiner Schwangerschaft gemacht habe, und ich bin den Menschen, die mich rundherum mit Sex und

Liebe und neugierigem Interesse unterstützt haben, äußerst dankbar. Wenn nur alles so angenehm ablaufen könnte ... vielleicht möchte ich ja doch noch eins, sage ich mir selbst – wenn meine Tochter alt genug ist, Windeln zu wechseln.

Ja sagen und ja meinen

Es ist mir nur selten vergönnt, im Süden der USA Vorträge zu halten. Als mich eine Studentin namens Karen einlud, an ihrer Südstaaten-Universität vor Lesben und Schwulen zu sprechen, reizte mich das demzufolge über alle Maßen.

„Wie viele Mitglieder hat die Schwullesbische Studentenvereinigung?" fragte ich sie.

„Also im Prinzip besteht die Gruppe aus mir", antwortete sie. „Es werden bestimmt massenhaft Leute zu deinem Vortrag erscheinen, aber die meisten hier leben nicht offen lesbisch oder schwul."

„Gibt es außer dir noch jemanden?"

Sie überlegte einen Moment. „Nein."

Das Flugblatt in leuchtendem Pink, das meinen Vortrag ankündigte, wies mit keiner Silbe auf etwas „Lesbisches" oder „Schwules" hin.

„Wenn ich ‚schwullesbisch' draufschreibe, werden sich weder Lesben noch Schwule blicken lassen", erklärte Karen.

Ich fragte mich, wie denn irgend jemand ahnen sollte, worum es in meinem Vortrag gehen würde.

„Woher wissen sie, daß ich nicht über chinesische Kochkunst reden werde?" fragte ich Karen.

Sie lachte angesichts meiner Befürchtungen und meinte: „Mach dir keine Sorgen, der Saal wird aus allen Nähten platzen."

Sie behielt recht. Jede, aber auch jede Lesbe im Umkreis von zweihundert Kilometern hatte über Mundpropaganda von meinem Vortrag erfahren und war gekommen – plus eine ganze

Menge unkonventioneller Heteros. Ich hatte seit Jahren vor keiner so warmherzigen, familiären Uni-Gruppe gesprochen. Die Stimmung an Yankee-Hochschulen ist völlig anders. Die typische, offensiv auftretende Ivy-League-Lesbe im Nordosten haßt alle anderen Schwulen und Lesben auf dem Campus – außer ihrer Freundin, und die beiden langweilen sich so entsetzlich bei all den Debatten über Porno und Faustficktechniken, daß das Aufregendste, was sie im letzten Jahr zustande gebracht haben, ein großes Gähnen war.

Ein lesbisches Paar sprach mich nach meinem Vortrag an. Die Wangen der beiden schimmerten so rosig wie mein Gesichtspuder, und ihr Haar glänzte honigblond. „Sie gehören der episkopalischen Kirche an", informierte mich Karen später, was auch immer das heißen mochte. Meine Mutter hatte mir immer erzählt, daß EpiskopalistInnen die besseren KatholikInnen waren. Hier im Süden wagte ich daran zu zweifeln. Die ZuhörerInnen, so liberal und schwullesbisch sie auch sein mochten, gehörten überwiegend einer Kirche an, nicht nur jenes Paar, das mich angesprochen hatte.

Elise, die größere der beiden, machte mich mit ihrer Liebsten bekannt: „Mary wurde während deines Vortrags von einer Vision heimgesucht." Das klang nicht sehr episkopalisch. Marys Augen leuchteten, und ihr Kopf nickte Zustimmung. Ich trat einen Schritt zurück, um mich gegen einen Klappstuhl zu stützen, und nickte ihr aufmunternd zu, als bekäme ich derlei Dinge täglich zu hören.

„Diese Vision war schon ihre dritte", erklärte Elise. „Die ersten beiden Male erschien ihr das Gesicht Jesu – erst hier zu Hause und später in Lourdes. Diesmal aber war es etwas anderes."

Endlich fing Mary selbst an zu sprechen: „Mitten in deinem Vortrag – es war alles so spannend ... ich weiß nicht mehr genau, an welcher Stelle – nahm ich plötzlich etwas Helles, Strahlendes über deiner rechten Schulter wahr. Als ich genauer hinsah, erkannte ich, daß es ein Kreuz war, ein reichverziertes weißes Kreuz, das zunehmend leuchtete. Ich versuchte, intensiv hinzusehen, um das Muster zu erkennen, aber es leuchtete immer heller, bis es schließlich verschwand."

Die Frau sprach sehr artikuliert, und ihr Blick wich meinem um keinen Millimeter aus.

„Und was, denkst du, hat das zu bedeuten?" fragte ich sie.

„Zuerst habe ich geglaubt, es hieße, daß du unter göttlichem Schutz stehst. Aber dann fiel mir ein, daß es auch bedeuten könnte, daß du eine Märtyrerin bist."

Angesichts ihrer zweiten Interpretation verzog ich das Gesicht.

„Und wie denkst du darüber?" fragte Mary.

„Ich weiß nicht recht", antwortete ich. „Ich glaube eigentlich nicht an Visionen, aber mir gefällt die Vorstellung, beschützt zu werden – besonders hier. Mein Vortrag muß dich sehr berührt haben, wenn dir so etwas widerfahren ist. Ich verstehe das zumindest als großes Kompliment ... " Ich verlor mich in Gedanken. Nach meiner Rückkehr von dieser Vortragsreise standen mir einige schwierige Entscheidungen bevor. Aber wenn ein weißes Kreuz über meiner rechten Schulter erstrahlte, würde ich meine Drachen vielleicht mit links besiegen können. Ich machte mir die Erscheinung zu eigen wie einen Talisman, eine kugelsichere Weste für die Psyche.

Nach dem Vortrag machten sich einige von uns auf zur einzigen schwullesbischen Bar der Stadt – nein, wohl eher der einzigen im ganzen Staat. Sie befand sich in einer riesigen Lagerhalle, ohne Fenster, ohne Belüftung, umgeben von einem riesigen matschigen Parkplatz. Das beliebteste Automodell schien der Ford LTD zu sein. „Das versetzt mich zurück in alte Zeiten", schrie ich aus dem Autofenster. Ich hätte nie geglaubt, daß ich von Nostalgie ergriffen an die Bars im Kalifornien vergangener

Tage zurückdenken könnte, wo sich Lesben und Schwule, Schwulenhasser und Bullen auf ein- und demselben Parkplatz zusammenrotteten, um ihre Händel auszutragen.

Der Bartender war der schnuckeligste Knabe der ganzen Tränke. „Er ist hetero", stöhnte einer meiner Begleiter, und mir schoß es durch den Kopf, daß das Szenario, welches sich hier entwickelte, aus einem Sammelalbum hätte stammen können. „Klar ist er hetero. Schließlich haltet ihr euch genau an die Spielregeln."

Die attraktivsten Mädels entpuppten sich als Jungs, die in ihren Fummeln zusammen an einem der etwa zwölf langen Holztische saßen. Über der winzigen Tanzfläche glitzerte eine überdimensionale Discokugel. Die DJ wechselte zwischen Disco- und Countryhits hin und her, und meine Zehen begannen zu zucken. Ja, vielleicht würde eine entzückende Butch hier hereinfegen und mit mir ins Land der Honigzungen tanzen. Meine Augen wanderten zu den leuchtend roten Krallen, die nebenan auf den Tisch pochten. Falls auch nur ein Hauch von einer Butch hier auftauchte, würde ich sie innerhalb von zwei Minuten an die Tunten verlieren.

Ich blinzelte etwas angestrengter durch den Rauch in Richtung Tanzfläche, um herauszufinden, ob ich mich auch nicht verzählt hatte. Sämtliche Männerpaare dort swingten und walzten in profihafter Vollendung. Die vier Frauenpaare hingegen, die ich ausmachen konnte, waren entweder damit beschäftigt, sich aneinander festzuklammern und niemanden anzurempeln oder führten Modern-Dance-Variationen vor.

„Diese Stereotype führen zu weit!" brüllte ich, schlug mit der Faust auf den Picknicktisch und fing mir einen Splitter ein. Ich fühlte mich wie in einer dieser Serien über das Reich der wilden Tiere. Dort bekommen auch immer die Männchen der Spezies die schönen Federn und den Spaß ab, während die Pfauhennen dumm dreinschauen.

Niemand hörte mein Gebrüll, aber Karen sah meinen Gesichtsausdruck. „Wenn du dich unterhalten willst, laß uns hinausgehen", gestikulierte sie und führte mich an den Plakaten für die Wahl der Ballkönigin des Bundesstaates vorbei nach draußen.

Karen besaß keinen Ford LTD, sondern einen VW-Käfer. Sie kurbelte die Scheiben herunter, so daß wir die feuchte Luft auf unseren Gesichtern spürten. „Einige der Studentinnen lassen dich fragen, ob du für uns am morgigen Bettenrennen teilnehmen würdest. Du würdest auf dem Bett sitzen und ein Schild halten. Es dreht sich um eine politische Aktion – es geht nicht ums Gewinnen oder Verlieren."

„Ein Bettenrennen ...?" fragte ich. Hatte das was mit der Prinzessin auf der Erbse zu tun?

„Dieses Ereignis findet hier jedes Frühjahr statt", erklärte Karen. „Die Main Street wird abgesperrt, und alle rollen auf fahrbaren Bettgestellen um die Wette. Jede Studentenverbindung, Pizzeria und alle möglichen sonstigen Gruppen sponsorn ein Bett. Dieses Jahr will das Frauenzentrum an der Uni ein Bett mit Informationen zu Vergewaltigung bei Verabredungen beisteuern."

Ich stellte mir mein kleines Metallbett mit Plakat vor, wie es in einer Staubwolke die Straße hinuntersauste. „Was hat das Frauenzentrum denn vor – wollen sie eine Live-Vergewaltigung inszenieren?" Ich merkte sofort, daß ich mich im Ton vergriffen hatte, aber angesichts von Karens Ausführungen über das bevorstehende Schauspiel war meine Phantasie mit mir durchgegangen.

Karen nahm keinen Anstoß daran. „Das ist eine lange Geschichte, aber ich erzähle sie dir lieber gleich", antwortete sie. „Es ist der größte Skandal, der an der Uni je passiert ist. Der größte Stolz dieser Hochschule ist ihre Basketballmannschaft", begann sie.

Ich ahnte schon, worauf es hinauslaufen würde.

„Aus diesem Grund spenden die Alten Herren haufenweise Knete", fuhr sie fort. „Deshalb habe ich damals auf deine Frage, wofür die Uni berühmt sei, ‚Basketball' geantwortet."

„Solche Hochschulen gibt es zuhauf", sagte ich und dachte daran, daß auch ich gelegentlich in *Sports Illustrated* blätterte. Die Geschichte, die Karen erzählte, hatte ich schon oft zuvor gelesen. Lokalmannschaften gehen aus, um ihren Sieg zu feiern oder ihre Niederlage zu begießen. Alle besaufen sich maßlos. Eine Frau flirtet mit einigen der Jungs. Sie nehmen die Frau – die aus freiem Willen zustimmt – mit zum Wohnheim. Sex ist angesagt. Sex mit mehr als einem Spieler ist ebenfalls angesagt. Und an dieser Stelle entgleist die Situation. Die Frau hat auf einmal keinen Spaß mehr daran. Sie findet sich auf einmal in einer entsetzlichen Situation wieder. Niemand interessiert sich für ihre Gefühle, niemanden kümmert ihre Pein. Niemand weiß ganz genau, von wie vielen Jungs sie gefickt wurde ...

Am folgenden Tag wird Anzeige erstattet, und die Bombe platzt. Sämtliche Spieler werden von der Hochschuldirektion und der Polizei verhört. Einige bekommen es mit der Angst zu tun und gestehen eine Gruppenvergewaltigung, andere schweigen sich aus. Die Ehrlichen werden bestraft und fliegen von der Uni. Unter ihnen befinden sich einige der Top-Basketballer. Die Universität, die Riege der Alten Herren, quasi die gesamte Stadt ist wie vom Schlag getroffen: Diese „Nutte" ruiniert ihnen eine aussichtsreiche Spielzeit! Die wenigen BürgerInnen, für die der Sport nicht im Mittelpunkt ihres Daseins steht, fühlen sich von diesem Einblick in das gesellschaftliche Lotterleben auf dem Campus abgestoßen. Die Scheinheiligkeit stinkt zum Himmel.

Derartige Skandale kommen fortwährend an den unterschiedlichen Hochschulen und Colleges vor. Jedesmal wird der Frage, ob die betroffene Frau als Jungfrau oder als Hure zu gelten hat, peinlichste Aufmerksamkeit geschenkt. Die Reaktionen der Hochschulverwaltungen bewegen sich auf einer schmalen Skala zwischen paternalistisch und nonchalant. Während der Stoff, aus dem die Moral ist, für eine Mark pro Meter verscherbelt wird, erhebt sich eine andere Stimme laut und klar und benennt die Krisensituation als das, was sie ist: nämlich mehr als ein Skandal. Die Stimme gehört den Feministinnen, die vom Phänomen der Vergewaltigung bei Verabredungen sprechen. Sie beharren darauf, daß eine Frau beim Sex jederzeit das Recht habe, nein zu sagen – nämlich immer dann, wenn ihr das, was vor sich geht, nicht mehr gefällt. Erfrischend an dieser feministischen Forderung ist, daß das Problem als eine Frage des gegenseitigen Einvernehmens behandelt wird und nicht als eine Frage der Promiskuität.

Die Signale von Einverständnis – oder Verweigerung – lesen sich oft nicht so eindeutig wie ein Stopschild. Den meisten Theoretikerinnen schien es bislang zuwider zu sein, das vielschichtige Problem sexueller Absprachen zu diskutieren oder die Scham zu analysieren, die viele Frauen daran hindert, zu ihrem Begehren oder körperlichen Vergnügen zu stehen. Von Frauen wird erwartet, sich zwischen Schutz und Risiko zu entscheiden, zwischen Freiheit und Vorsicht. Da die meisten Frauen nur ein geringes sexuelles Selbstbewußtsein haben, bleibt ihnen angesichts der gebotenen Möglichkeiten kaum eine Wahl.

„Was müßte ich also auf diesem Bett tun?"

„Im Prinzip nur ein Schild mit einem Spruch hochhalten – zum Beispiel: ‚Wenn ich nein sage, meine ich nein!' oder so."

„Also, wenn ich nein sage, heißt das nicht unbedingt nein. Manchmal bedeutet es auch ... " Ich hielt inne und versuchte in Windeseile Karens Gedanken zu lesen. Was wußte sie über Sex und Rollenspiele? „Ein solches Schild könnte ich nicht hochhalten", fuhr ich fort. „Das klingt nach Nancy Reagan oder Tipper Gore im Schlafzimmer ihrer Töchter. Warum kann ich kein Schild halten auf dem steht: ‚Warum können Frauen nicht ja meinen und ja sagen?'"

„Na ja, eigentlich ist es auch egal, denn vermutlich kriegen sie ihr Bett ohnehin nicht rechtzeitig startklar. Abgesehen davon halten einige vom Frauenzentrum dich sowieso für nicht geeignet, weil du mit Porno und so zu tun hast."

„Das heißt, einen Teil für das Ganze zu nehmen", antwortete ich und beschloß, sämtliche Vorsicht in den Wind zu schlagen. „Nimmst du jedes Nein ernst, das du im Bett hörst?"

„Nein", grinste Karen.

„Es fällt mir äußerst schwer, jedes Nein unbesehen zu glauben", erklärte ich. „Diese ganze ‚Feminismus heißt nein'-Bewegung vertritt in der Sexdebatte eine puritanische Seite, die wir schon seit zehn Jahren kennen. Solange Frauen in Sachen Sex nicht ganz selbstbewußt ja sagen können, wird ein solches Nein immer zweideutig bleiben. Wenn ich nein höre, muß ich die Umstände, in denen es gesagt wird, berücksichtigen."

„Ich glaube, bei diesen Verbindungspartys ist aber allen der Kontext ziemlich klar. Und jedesmal steht das Wort der Frau gegen das der Männer, und ihr Nein wird nicht ernstgenommen."

Ich schwieg eine Weile. Wir waren fast am Parkplatz meines Hotels angekommen. Ich fühle mich immer in die Enge getrieben, wenn ich von den örtlichen Verwalterinnen der reinen feministischen Lehre abgelehnt werde, dabei war Karen mir gar nicht einmal so sehr auf die Pelle gerückt. Warum meine ich immer, ich müßte das Blut vorweisen, das unter meinen Fingernägeln geklebt hat, als ich einmal zu einem Mann – der größer und stärker war als ich – nein sagte und er sich keinen Deut darum scherte? Ich habe an Selbstverteidigungskursen teilgenommen und dem feministischen Mann, der sich als Dummy zur Verfügung stellte, heftigst in die Eier seines gepolsterten Anzugs getreten. Gelegentlich betätige ich mich sogar künstlerisch. Einmal habe ich zum Beispiel meinen Busen mit Rasierklingen gespickt, bevor ich in die Disco ging. Laßt mich also verdammt noch mal in Ruhe!

Karen schien es nicht besonders eilig zu haben. Wir saßen im Dunkeln in ihrem Auto auf dem Parkplatz, und sie steckte sich eine Zigarette an.

„Vor diesen tyrannischen Mackern habe ich mich schon immer gefürchtet", erzählte ich ihr. „Weder das Eiertreten noch die Schreiübungen, noch Trillerpfeifen haben meine Angst auch nur im geringsten mindern können. Der Knoten platzte, als ich zum ersten Mal eine Stripshow besuchte. Ich hatte natürlich schon Angst davor, auch nur hineinzugehen. Mir graute vor den Männern, die sich drinnen aufhielten. Eine Lesbe, die derartige Vorbehalte nicht kannte, begleitete mich. Im Club gab es außer uns beiden keine einzige bekleidete Frau. Die Tänzerinnen auf der Bühne und zwischen den Tischen posierten und poussierten, was das Zeug hielt. Ich sah, wie die Männer auf den vorderen Plätzen im Dämmerlicht der Bühne die Frauen voller Ehrfurcht begafften. Ihre Unverblümtheit, ihre Fähigkeit, sexuell aggressiv zu sein und gleichzeitig Grenzen zu ziehen, steht für mich in krassem Gegensatz zu der sexuellen Einschüchterung, die mit Vergewaltigungen bei Verabredungen einhergeht." Ich fragte mich, ob Karen mir soweit folgte.

„Trotzdem sind manche Männer Schweine und beuten Studentinnen und Striptease-Tänzerinnen sexuell aus", wandte Karen ungeduldig ein.

„Hör zu", entgegnete ich, „ich versuche dir klarzumachen, daß ich die Basketball-Mannschaft nicht daran hindern kann, sich wie die Berserker aufzuführen, aber ich schmore eher in der Hölle, als daß ich mir von ihnen – oder irgend jemand sonst – meinen sexuellen Schneid abkaufen lasse. Ich werde *nicht* in die fünfziger Jahre zurückkehren."

Ich hielt nun besser den Mund, bevor das weiße Kreuz möglicherweise von meiner Schulter stürzte und zerschellte. Vielleicht konnte ich Karen *zeigen,* wovon ich sprach. „Gibt es in dieser Stadt einen Striptease-Club?" fragte ich sie.

„Wo denkst du hin!" Karen lachte und griff nach meinen Händen. „Du machst mich an", meinte sie. „Merkst du das nicht?"

Also deswegen war ich auf einmal so nervös. Sie interessierte sich kein Stück für meine politischen Hetzreden.

„Und wie verträgt sich das mit der großen Liebe zu deiner neuen Freundin?" fragte ich. Ihre neue Geliebte war Karens erste Femme – mit ihr hatte sie den besten Sex aller Zeiten – sie liebte sie zutiefst und so weiter und so weiter ...

„Ja, ich weiß ... aber ich habe mit ihr über dich gesprochen", antwortete Karen. „Darüber, wie es wäre, unsere Beziehung nicht monogam zu leben ..."

„Also bitte ... davon möchte ich kein Wort hören! Das heißt doch, ihr habt über mich geredet, bevor ich überhaupt hergekommen bin!" Ich hasse es, wenn Paare mich als Brennstoff für ihre kleinen Phantasiesünden benutzen und mir später davon erzählen – als ob du in ihrer Phantasie jemals wirklich die Rolle der gleichberechtigten Dritten spielen könntest.

Sie strich mir zart über die Nipples. „Wir könnten uns küssen", schlug sie vor.

„Nein heißt nein!" entgegnete ich ihr und machte ihr eine lange Nase. Aber ich rückte nicht von ihr ab. Ich fühlte mich gleichzeitig gelangweilt, genervt, neugierig und bedrängt. „Du wirst es ihr bestimmt beichten, und sie wird sich aufregen, und wenn ich dir dann in unserer überaus kleinen Welt einmal wiederbegegne, werde ich das Gefühl haben, ich hätte eurer ach so perfekten Beziehung Schaden zugefügt." Eine kotzgrüne Anti-Beziehungs-Tirade kam in mir hoch.

„Ich erzähle es ihr nicht", versprach sie.

„Nein?"

„Nicht, wenn dir so viel daran gelegen ist."

„Wer's glaubt, wird selig!"

Mit siebzehn glaubte ich noch, für guten Sex alles in Kauf nehmen zu können. Schon ein Jahr später änderte ich meine Meinung. Jetzt war ich dreiunddreißig, und mein weißes Kreuz geriet deutlich ins Wanken. Ihre Hände an meinen Brüsten weckten meinen Trotz und Wagemut. Ich wandte ihr mein Gesicht zu. „Nein heißt küß mich!"

Sie küßte mich.

„Jetzt bin ich klatschnaß", sagte ich, als ich mich von ihr löste, „und deine perfekte Freundin kümmert mich einen feuchten Kehricht." Karen schob ihre Hände zwischen meine Schenkel. Ich hatte nicht gelogen. Ich stöhnte.

Sie hörte auf, mich zu küssen.

„Ich kann nicht", seufzte sie.

„Was heißt das – du *kannst* nicht? Machst du Witze?"

Nein. Sie meinte es ernst. Mein Magen krampfte sich zusammen.

„Es tut mir leid", sagte sie. „Ich kann Mary das nicht antun."

Angesichts der Abgedroschenheit der Situation wurde ich von Peinlichkeit überwältigt. Ich wollte ihr sagen, daß wir schon längst aus der Bar raus wären und keine Show mehr abziehen müßten. Statt dessen kletterte ich aus dem Auto und fragte sie, wann sie mich am nächsten Morgen abholen würde, um mich zum Flughafen zu bringen.

In meinem Hotelzimmer lief später auf MTV der Videoclip *Losing my Religion*. Ich erinnerte mich, daß in dem Frühstückscafé, in das Karen mich an jenem Morgen geführt hatte, jemand diese Redewendung gebraucht hatte. Sie wird im Süden benutzt, wenn etwas zu weit geht, aus dem Ruder läuft. „Diese Geschichte hat Connie ihren Glauben gekostet" – so hatten sich die Leute im Café ausgedrückt, und ich hatte gelächelt und mich gefragt, ob von einer außerehelichen Affäre oder einem Comingout die Rede war. Aber vielleicht hatte Connie auch nur ihr trügerisches Gefühl von Sicherheit verloren – wie ich oder jene Frau, die eine Bar betrat und mit der falschen Gruppe von Jungs flirtete. Dieses weiße Kreuz konnte dich problemlos zur Märtyrerin machen – oder auch bloß zur Idiotin. Mir hat es jedenfalls keine Sicherheit gewährt. Aber es erinnerte mich eindrücklich an die Risiken.

Am nächsten Tag entschuldigte sich Karen in einer Tour, was ich unerträglich fand.

„Hey, ich hatte keine Ahnung, daß es so enden würde", seufzte ich. Mal mir ein Schild, auf dem das draufsteht, und ich trage es überall vor mir her. „Eines Tages werden wir uns alle in San Francisco treffen, deine Freundin, du und ich", versprach ich, obwohl das garantiert nie passieren würde. Ich griff nach meinen Koffern und meinem Kreuz und flog nach Hause.

Lesbische Lebenslügen

Ein Charakteristikum des menschlichen Denkens ist, daß es versucht, Phänomene in zwei Gruppen einzuteilen.
Dinge sind entweder so oder nicht so. Sexualverhalten gilt entweder als normal oder unnormal, gesellschaftlich akzeptabel oder nicht akzeptabel, heterosexuell oder homosexuell, und viele Menschen wollen nicht glauben, daß in diesen Dingen Abstufungen vom einen Extrem zum anderen existieren.

Kinsey (1953)

Versuche einmal, Lesben und AIDS in einem Satz zu erwähnen. Wenn du nicht gerade mit der Leder-Avantgarde oder einem Spürhund von den Medien redest, erntest du wahrscheinlich ein süffisantes Lächeln. Oder es entwickelt sich eine Diskussion über Männerprobleme und Männersex. Traditionellerweise denken Frauen, daß Männer sexbesessen sind. Das ergänzt sich hervorragend mit jenem Bild, wonach Frauen, und vor allem Lesben, Sex auf ihr Privatleben beschränken, die Sinnlichkeit hüten und romantische Reinheit zelebrieren. Reinheit ist nahezu identisch mit Lesbischsein. Nach herkömmlichem Verständnis kriegen Lesben kein AIDS.

Doch der Schein trügt. AIDS ruft im lesbischen Bewußtsein starke Gefühle wach: eine unausgesprochene Angst vor männlicher Verseuchung, Mißtrauen im Umgang mit Männern und eine Tendenz zur Verleugnung, die solchen Ängsten gewöhnlich auf dem Fuße folgt. Sobald du ein bißchen tiefer stocherst, triffst du auf Abscheu, Verachtung und Feindseligkeit gegenüber allem Männlichen. Ein Teil dieser Ablehnung mag wohlbegründet sein, den Rest halte ich für ein Symptom von Verfolgungswahn.

Es stimmt einfach nicht, daß Lesben persönlich vom HI-Virus niemals betroffen sind noch jemals befallen werden. 1990 reiste ich in Sachen Sexerziehung nach Kanada. Mein erster Vortrag sollte in Ottawa stattfinden. Ich wußte nicht viel mehr über die Stadt, als daß der Frauenbuchladen erst vor kurzem beschlossen hatte, seinen Bann über lesbische Erotica aufzuheben. Spezielle Informationen zum Thema Lesben und AIDS waren nicht aufzutreiben.

Das Publikum, das ich abends im örtlichen Lesbenzentrum antraf, blickte mich mit so großen reinen Augen an, daß selbst *ich* mich fragte, ob ich mit meiner Dental-Dam-Vorführung möglicherweise unschuldige Frauen verdarb. Nach meinem Vortrag saß ich auf einem Hocker, signierte Bücher und unterhielt mich dabei mit einzelnen Frauen. Die erste Frau in der Schlange wollte über die sexuelle Entdeckungslust ihrer vierjährigen Tochter sprechen. Die zweite Ratsuchende konnte ihren G-Spot um alles in der Welt nicht finden. Die dritte Frau war etwas älter als die anderen und eher konservativ in Rock und Bluse gekleidet. Sie biß sich auf die Lippen, und als sie anfing zu sprechen, brachte sie nur ein Flüstern heraus. „Meine Geliebte hat mich heute früh verlassen." Sie fing an zu weinen. Ich beugte mich näher zu ihr, so daß unser langes Haar uns wie ein Vorhang von den anderen abschirmte.

„Ich verstehe nicht recht ...", sagte ich.

„Letzten Mittwoch habe ich mein Ergebnis bekommen", antwortete sie. „Ich bin ... HIV-positiv ... gütiger Himmel, ich weiß nicht, was ich machen soll ..."

Ich wußte mir auch keinen Rat. Im Moment jedenfalls war ich genauso verschreckt wie sie. Sie begann sich zu rechtfertigen: „Vor einigen Jahren", stammelte sie, „war ich arbeitslos. Ich hätte es nicht tun sollen, aber ..."

Ich legte ihr meinen Finger auf die Lippen. „Bitte erzähle mir nicht, wo und wie du dich infiziert zu haben glaubst. Es ist mir egal. Du hast nichts Falsches getan."

Nun begann die Frau erst recht zu weinen. Bislang hatte sie es außer mir nur ihrer Geliebten anvertraut. Diese war in einen einwöchigen Schockzustand verfallen und hatte schließlich in der Nacht zuvor ihre Koffer gepackt.

Niemand hier kannte die „Vergangenheit" dieser Frau, und sie glaubte, niemandem davon erzählen zu können, weil sie fürchtete, sonst all ihre Freundinnen – alles Lesben – zu verlieren. Sie arbeitete als Erzieherin in einer Kindertagesstätte und war überzeugt, daß sie gefeuert würde, falls ihre ArbeitgeberInnen von ihrem HIV-Status erfuhren. Sie hatte im Geiste mit allen Menschen in ihrem Umfeld gesprochen und sich ausgemalt, wie abweisend sie reagieren würden.

Es war schon ein seltsames Gefühl, abgesehen von ihrer Geliebten die erste zu sein, mit der sie darüber sprach. Ich konnte ihr kaum raten, sich zusammenzureißen und nicht so zu übertreiben, denn ihre Angstvorstellungen entsprachen wahrscheinlich ziemlich genau der Realität. Ich konnte sie also nur damit trösten, daß sie auf Ausnahmen treffen würde.

„Du wirst es anderen Menschen erzählen", sagte ich ihr. „Ich weiß, daß du das tun wirst, weil es die einzige Möglichkeit ist, damit umzugehen. Die Leute, die unter diesen Umständen zu dir halten, werden deinen neuen Freundeskreis bilden. Du wirst eine neue Familie finden – Menschen, die dasselbe durchmachen wie du. Sie werden dir näher sein, als du dir vorstellen kannst, auch wenn du darunter nicht viele Lesben antreffen wirst."

Ich nahm sie fest in die Arme. „Niemand kann dich aus der lesbischen Gemeinschaft ausstoßen", betonte ich. „Du lebst wahrscheinlich schon länger lesbisch als irgend jemand sonst hier!"

Darüber mußte sie lachen. Ich war erleichtert, denn ich würde meine gespielte Empörung nicht mehr allzu lange aufrechterhalten können. Und ich wollte nicht vor ihr in Tränen ausbrechen.

Schließlich verabschiedete ich mich von ihr. Eine junge blonde Studentin trat heran, um ihr Buch signieren zu lassen. „Meine neue Freundin sagt, sie kann keine Beziehung mit mir leben, solange ich mich bisexuell nenne." Ich mußte mich wirklich zügeln, um ihr Buch nicht gegen die Wand zu pfeffern.

Lesben hüten ihre sexuellen Geheimnisse voreinander oft bis zum Punkt gegenseitiger Entfremdung. Diese Geheimnisse werden hinter einer brüchigen Fassade feministischer Rhetorik verborgen, die aus der Zeit vor AIDS stammt und der Realität kaum angemessen ist. Auf diese Weise erzeugtes beklommenes Schweigen kann tödlich sein – es trennt eine Lesbe von der anderen. Doch der Damm ist bereits gebrochen. Vor zwei Jahren flüsterte mir eine Frau in einer kanadischen Präriestadt ins Ohr: „Freundinnen von mir sterben an AIDS." Heute höre ich dasselbe fast täglich.

Wie gelingt es einer angeblich so eng verwobenen Gruppe, ein solches Geheimnis vor ihren Mitgliedern zu verbergen? Vielleicht indem sie sich in imaginäre Fraktionen aufteilt: in „richtige" Lesben, also solche, die weder mit Männern noch mit intravenösen Drogen zu tun haben, und in „gefallene Engel". Die „richtige" Lesbe ist – wie der Kaiserin neue Kleider – kaum mehr als ein politischer Mythos. „Richtige" Lesben gehen nicht mit Männern ins Bett und spritzen sich keine Drogen. Undenkbar. Einer Lesbe, die einen *faux pas* zugibt, wird ihr Lesbenprädikat wahrscheinlich schneller abgesprochen, als Martina Navratilova ein As schlagen kann. Die Heterowelt hat sich dem Vorurteil verschrieben, daß AIDS eine schwule Seuche sei, und die Lesbenwelt erweist sich als mindestens ebenso „fremdenfeindlich" nach dem Motto: AIDS ist Männersache und geht uns nichts an.

Statistisch betrachtet, sind bislang nur vier Fälle von HIV-Übertragung zwischen zwei Frauen bekannt geworden, und dieser Befund wurde bislang hauptsächlich in medizinischen Fachzeitschriften diskutiert. Meine kanadische Bekannte würde in solchen Untersuchungen nicht als „lesbischer Fall" aufgeführt werden, weil sie sich vermutlich nicht durch lesbischen Sex infiziert hat. Besteht ein Risiko für Lesben? Nach allgemeiner Auffassung gilt, daß die durchschnittliche Lesbe eher von der Ladefläche eines Lasters fällt, als sich anzustecken.

Laßt uns dieses Bild genauer betrachten. 1987 unternahmen Forscherinnen vom Kinsey-Institut eine ungewöhnliche Expedition tief ins Herz der Vereinigten Staaten. Sie wollten herausfinden, welche Beziehung es tatsächlich zwischen Lesben und riskanten Sexpraktiken gibt. Sie fuhren mit ihrem Wohnmobil zum Michigan Women's Music Festival, auch als „lesbisches Sommercamp" bekannt. Jahr für Jahr nehmen an diesem Ereignis über 5000 Frauen teil, und in jenem Jahr füllten mehrere Hundert davon einen detaillierten Fragebogen zu ihren Sexpraktiken aus. Die Forscherinnen sortierten alle Fragebogen aus, worin Frauen sich als Bisexuelle oder Heteras bezeichneten. Sie wollten nur die Antworten von Frauen auswerten, die sich selbst lesbisch nannten. Es blieben 262 Fragebogen übrig, auf denen Lesben wichtige Geheimnisse enthüllten. 46 Prozent hatten nach 1980 Sex mit Männern gehabt. Welche Art von Heterosex hatten sie praktiziert? Ein ganzes Drittel gab an, daß es sich bei ihren Partnern um Bi-Männer oder Schwule gehandelt habe. Über 70 Prozent hatten ungeschützten Sex gehabt, bei dem auch abgespritzt wurde. Von den Lesben, die Analsex mit Männern praktizierten, hatten nur drei regelmäßig Kondome benutzt.

28 Prozent der Frauen in der Kinsey-Studie hatten sich schon seit ihrer Jugend als lesbisch definiert. Nahezu die Hälfte von ihnen hatte nach ihrem 18. Lebensjahr Sex mit Männern gehabt,

21 Prozent nach 1980, als AIDS in den Vereinigten Staaten epidemische Ausmaße annahm.

Diese Zahlen faßten die Forscherinnen in ihrem Bericht folgendermaßen zusammen: „Lesbische Frauen setzen sich im Vergleich mit Heterofrauen seltener hochriskanten Sexpraktiken aus, weil sie weniger häufig Sex mit Männern haben. Jedoch gilt zumindest für die Lesben in dieser Studie, daß im Falle sexueller Kontakte mit Männern diese verhältnismäßig oft Risikogruppen* angehören." Ganz zu schweigen von riskanten Sexpraktiken. Mit anderen Worten: Es fallen in der Tat eine ganze Menge Lesben von der Ladefläche.

Viele Lesben weisen darauf hin, wie selten HIV von Frau zu Frau übertragen wird, und schließen daraus, daß sie sich nicht zu sorgen brauchen. Die Lektion Nummer eins, die uns diese sich hemmungslos ausbreitende Krankheit lehrt, will die durchschnittliche Lesbe genausowenig kapieren wie homophobe PolitikerInnen. Eine Lesbe, die sich aufgrund von Sex mit Männern oder intravenösen Drogen infiziert hat, muß sich jetzt mit der Krankheit auseinandersetzen, und zwar in ihren lesbischen Beziehungen, in ihrem lesbischen Umfeld. Sie wird sich kaum in ein Hotelzimmer voller Jungs und Spritzbestecke einmieten, um dort ihr Leben zu beschließen.

Lesben tragen die Bürde traditionell weiblicher Reinheit im doppelten Sinne. Wie alle Frauen sind wir dazu erzogen worden, uns Wertvorstellungen wie Unschuld, Enthaltsamkeit und Sittsamkeit zu eigen zu machen. Uns wurde beigebracht, unsere körperliche Reinheit zu bewahren und sexueller Freizügigkeit zu mißtrauen. Als Lesben potenziert sich unsere Dosis konservativen Sexdenkens noch. Unsere sexuelle Präferenz wird oft mit

---

* Der Begriff Risikogruppe ist irreführend und sollte nicht verwendet werden, denn er impliziert, daß Angehörige bestimmter gesellschaftlicher Gruppen einem erhöhten Risiko ausgesetzt sind. Tatsächlich aber bestimmt allein das individuelle Verhalten das Risiko einer Ansteckung. (Anm. der Übers.)

einem unabänderlichem Ekel gegenüber männlicher Sexualität, deren pornographischem Ausdruck und ihren manchmal mit Krankheiten verbundenen Folgen gleichgesetzt. Dem Stereotyp zufolge werden Frauen lesbisch, weil sie Schwänze, Pornos und das ganze Drumherum satthaben.

Wenden wir uns der zweiten Gruppe von Lesben zu, die sich dem hohen Risiko gewisser Praktiken aussetzen. Während Lesben, die mit Männern ficken, den empfindlichsten Nerv der Szene treffen, gilt auch der Gebrauch von intravenösen Drogen als männliches Laster. Inzwischen nehmen unzählige Lesben an Treffen von Selbsthilfegruppen teil, um vom Alkohol, von Zigaretten, Medikamenten und „weichen" Drogen loszukommen. Obgleich also so viele von uns darauf abfahren, high zu sein, fragt sich erstaunlicherweise niemand, warum Lesben sich dann nicht auch Drogen spritzen sollten. Meinen wir, daß Lesben jede Party als erste verlassen? Niemals. Lesben haben einen so makellosen Ruf, daß wir gewöhnlich nicht mit gefährlichen Lastern in Verbindung gebracht werden. Wieder einmal holt uns das Doppelpack des konservativen Weiblichkeitsbildes ein: Wenn wir dem Mythos anhängen, daß brave Mädchen keine Drogen spritzen, dann sind Lesben die bravsten Mädchen überhaupt.

Blicken wir für einen Augenblick zurück zu den sechziger Jahren. Erinnert ihr euch, daß Drogen uns damals von unseren sexuellen Hemmungen befreien sollten? Oder welch himmlische Zuflucht Schwule und Lesben in der Hippie-Kultur fanden? Jetzt spult vor zu den siebziger und achtziger Jahren. Wurden Drogen nicht mit den androgynsten Stars der Rock- und Popszene in Verbindung gebracht? Damals gab es auch schon Lesben, und die gleichgeschlechtliche Lebensweise war genauso verbreitet wie heute. Wir wurden damals nicht ins Mädchenpensionat geschickt und auf eine gesunde Lebensweise getrimmt – wir haben zum Entstehen der Gegenkultur beigetragen, und Drogen haben immer dazugehört.

Die schwullesbische Bewegung neigte schon immer dazu, Konventionen über den Haufen zu werfen und aus der individuellen Isolation auszubrechen. Doch ironischerweise entpuppen sich die Regeln des schwullesbischen Lebens oft als genauso streng wie diejenigen, die gelten, wenn Heteros umeinander werben. Die schwullesbische Kultur hat das Gebiet, das sie sich heute erstritten hat, durch klare Grenzziehung markiert. Wenn du mit dem anderen Geschlecht ins Bett gehst (oder Drogen spritzt), hast du darüber den Mund zu halten.

Warum geht eine Lesbe überhaupt das Risiko ein, sich anzustecken? Lesben ficken mit Männern, weil es sie reizt, weil sie neugierig sind, weil ihnen danach ist, aus Trotz oder aus Sympathie. Natürlich müßten all diese Frauen der klassischen Einteilung zufolge bisexuell genannt werden. Anhand der von Kinsey aufgestellten Skala mit den Eckpolen homosexuell und heterosexuell könnten wir sie bei Werten zwischen zwei und fünf einordnen. Aber in ihrem alltäglichen erotischen Dasein identifizieren sich Menschen nicht mit dem, was die Auswertung ihres bisherigen Sexlebens auf dem Papier ergeben würde. Sie nennen sich *queer* und meinen damit eine bestimmte moderne Mischung aus dem, was sie sexuell, kulturell und politisch bevorzugen, und wem sie ihre Zuneigung schenken. Lesben müssen – wie alle anderen Menschen auch – als Individuen betrachtet werden. AIDS zwingt Lesben zuzugeben, daß selbst nur gelegentlicher Sex mit Männern (und nur gelegentlicher Gebrauch von intravenösen Drogen) sie durch die Maschen des Sicherheitsnetzes der lesbischen Reinheit fallen läßt. Lesben stehen nun vor der Wahl: Geben sie gelegentlichen Sex mit Männern zu und treffen entsprechende Vorsichtsmaßnahmen oder leugnen sie die wahre Vielfalt sexueller Aktivitäten von Lesben? Das Virus interessiert sich nicht die Bohne dafür, wie du dich einstufst – wir sprechen von einer Krankheit. Heteros hängen immer noch dem gefährlichen Irrglauben an, daß AIDS eine Schwulenseuche sei, Lesben aber machen es keinen Deut besser: Ihren grundlegenden Glaubenssätzen entsprechend verstoßen sie HIV-positive und aidskranke Frauen als Verräterinnen, weil sie sich als schwach erwiesen haben und angeblich vom Glauben abgefallen sind. Das Konzept von der „Verseuchung" durch Männer setzt natürlich voraus, daß Lesben für deren größere sexuelle Ausstrahlung empfänglich sind.

Ich selbst hänge keinem der beschriebenen Glaubenssätze an, werde jedoch ständig an diese Vorurteile erinnert. Ich meine, daß Lesben Lesben sind, weil sie ein Begehren für Frauen empfinden, das nur durch intime Beziehungen mit Frauen zu befriedigen ist. Und dies hat nichts mit Stärke oder Schwäche, mit Loyalität oder Glaubensverlust zu tun. Die lesbische Gemeinschaft setzt sich zwar für solche Beziehungen ein, aber nicht die Gemeinschaft, sondern das Begehren der Lesben sollte als Maßstab genommen werden. Lesbisches Begehren verschwindet nicht, nur weil du Sex mit einem Mann hast. Es verschwindet nicht, wenn du ein positives Testergebnis erhältst. Es vergeht nie.

Von Wetterfahnen und dem grünäugigen Monster

Der bisexuelle Traum: eine Liebende in vollkommener Harmonie mit beiden Seiten der menschlichen Natur, sensibel für männliches und weibliches Begehren, sich in der Sinnlichkeit beider Geschlechter aalend.

So stellte ich mir das vor, als ich zum ersten Mal in Betracht zog, bisexuell zu sein. Ich war sechzehn und gerade zum ersten Mal geküßt worden. In meinem Fall war es sozusagen eine doppelte Einführung. Ich saß auf dem Bett des Jungen von nebenan und küßte meine allerbeste Freundin. Anschließend drehte ich den Kopf und küßte den Jungen. Schließlich landeten wir alle drei im Bett. Ich schnurrte zufrieden wie eine Katze, die gerade den Sahnetopf ausgeleckt hat.

Mein erstes Mal deckte sich sehr mit meinen politischen Idealen. Ich glaubte, daß wir in Ruhe, Frieden und einem Zustand endloser Geilheit leben könnten, wenn wir uns alle nur auf ein großes Wasserbett legen, einen Joint rauchen und unsere Nasen aneinander reiben würden – mein Lösungsvorschlag für die Probleme der Welt. Doch bald darauf wurde meine Nase in die Jauchegrube des Egoismus und des grünäugigen Monsters namens Eifersucht getaucht, die sich menschliche Natur schimpft.

Ich hatte mein Coming-out als Bi-Frau, bevor es eine „Bi-Bewegung" überhaupt gab, bevor die Silbe „Bi" an schwul-lesbische Demos, Zentren und Sportvereine angehängt wurde. Mit sechzehn wäre ich begeistert eingetreten. Es hätte mich gefreut, ein politisches Programm zu entdecken, das mit meinem Schlafzimmerverhalten übereinstimmte.

Es ist hinlänglich bekannt, was die Bi-Bewegung über „Bi-Phobie" denkt. VerhaltensforscherInnen wissen, daß die menschliche Sexualität von ausgeprägt homo bis ausgeprägt hetero eine große Spannbreite umfaßt. Die meisten Menschen fallen in den mittleren Bereich des Spektrums.

Bisexuelle AktivistInnen, die als „infantil" oder als „Wetterfahnen" beschimpft, von Lesben und Schwulen als „VerräterInnen" und von Heteros als „Perverse" verurteilt werden, fordern beide Seiten dazu auf, Vernunft anzunehmen und der Realität ins Auge zu sehen.

Fünfzehn Jahre nach meinem Coming-out tauchten die ersten Transparente auf, auf denen die Anerkennung der Bisexuellen gefordert wurde. Ich las die zehn oder zwölf Punkte der Forderungskataloge und nickte mechanisch. Aber ich engagierte mich nicht. Auf keiner Demo schloß ich mich dieser Gruppe an, fuhr auf keinem ihrer Wagen in der Parade mit. Die bisexuelle Bewegung als solche läßt mich kalt, genauso wie der größte Teil der politischen schwullesbischen Gruppierungen, aus denen sie sich entwickelte. Wie kommt das?

Als ich in den frühen siebziger Jahren zum ersten Mal meine Bisexualität öffentlich machte, ließ ich mich von den Altlesben einschüchtern, die mit spitzen Fingern auf mich zeigten, mich als Judas brandmarkten und mich beschuldigten, von heterosexuellen Privilegien zu profitieren. Zu der Zeit besaß ich noch nicht einmal das Privileg, eine Beziehung zu leben, und hatte in meinem ganzen Leben nur etwa ein dutzendmal Sex gehabt. Doch ich war den Grundsätzen der feministischen und schwullesbischen Bewegung verbunden. Der Gedanke, im oder außerhalb des Bettes etwas zu treiben, was unserer Sache schadete, stürzte mich in einen heftigen Gewissenskonflikt.

Wenn ich heute auf meine sexuelle Lebensgeschichte zurückblicke, fällt mir auf, daß ich meistens Beziehungen mit Menschen eingegangen bin, die sich heimlich von meiner Bisexualität angezogen und nicht abgestoßen fühlten. Einige davon brachten mich in dieser Hinsicht weiter, andere erhielten Impulse von mir. Ich war mit Menschen intim, die Verständnis für ihre Fähigkeit suchten, mehr als eine Person gleichzeitig zu lieben. Ich wurde von Männern geliebt, die sich von anderen Männern angezogen fühlten und ihre eigene Weiblichkeit akzeptierten. Die Frauen, die mich begehrten, schätzten meine Anziehungskraft auf Männer, denn dieselben Qualitäten sprachen auch sie als lesbische Frauen an. Ich wurde von Butches, Perversen, Bohemiennes, Charmeuren und zu latenter letzt auch von Bisexuellen geliebt.

Ich geriet immer wieder in Schwierigkeiten, weil ich von der schwullesbischen Bewegung eine Willensbekundung dahingehend forderte, daß sie Bisexuelle – oder besser sämtliche sexuellen AbweichlerInnen – als Teil der Familie willkommen heißen. Einmal verfaßte ich sogar ein entsprechendes Grundsatzpapier für eine schwullesbische Tagung, die 1980 anläßlich der Bekämpfung der homophoben „Moral Majority" stattfand. Es hätte nicht viel gefehlt und ich wäre buchstäblich aus dem Saal geflogen.

Stell dir vor: Niemand bekommt eine schriftliche Einladung. Wenn du am schwullesbischen Leben teilhaben willst, setzt du dich mit deinem Hintern mittenrein. Und du stehst nicht einfach auf und verziehst dich, nur weil dich jemand nicht leiden kann. Schwullesbisches Leben ist kein Zuckerschlecken – eher schon ein Gang über glühende Kohlen.

Der politische Anspruch, schwullesbische Rechte mit den Rechten sexueller Minderheiten zu einer großen sexuellen Befreiungsbewegung zu verbinden, schafft merkwürdige BettgenossInnen. Es ist völlig berechtigt, die Abschaffung von Vorurteilen zu fordern. Doch von uns als sexuellen Wesen zu verlangen, daß wir uns in die rapide implodierenden sozialen Kategorien schwullesbisch, hetero oder bi einordnen, halte ich für widersinnig. Als ob wir unser Sexverhalten auf einer peinlich genauen, vorhersehbaren Kurve einzeichnen könnten!

Eine echte sexuelle Befreiungsbewegung beschränkt sich nicht auf stolzes Selbstbewußtsein. Sexuelle Emanzipation erzeugt unerträgliche Gefühle in unseren Herzen, auf die niemand stolz ist: Eifersucht, sexuelle Scham und eine schwer kontrollierbare Neigung zum Risiko. Bisexualität verschärft diese Thematik ganz brutal, weil sie alle möglichen Vorurteile, die zwischen und unter Männern und Frauen herrschen, provoziert.

Erzähl mir nichts von schwullesbischem oder Bi-Stolz. Liebe kennt keinen Stolz – das hat die Wirklichkeit bewiesen. In jungen Jahren hat mich das Verhalten der politischen ZirkusdirektorInnen, die nicht mit mir arbeiten, reden oder ficken wollten, weil ich mich als bi verstand, sehr verletzt. Inzwischen sind diese Wunden verheilt, weil ich mit ihnen allen geredet, gearbeitet und gefickt habe. Ich kenne ihr Geheimnis: Sie begehren, was sie verdammen.

1978 sprach ich zum ersten Mal öffentlich über meine Bisexualität, und zwar in einem Seminar zum Thema „Die Lesbe", an der California State University in Long Beach. Meine Hände flatterten, als ich mich an die etwa zwanzigköpfige Frauenrunde wandte. Die Musikkapelle der Universität spielte direkt unter dem Fenster die vaterländische Hymne „America the Beautiful".

Nach meinem Vortrag herrschte tiefes Schweigen. Schließlich hob die Wortgewandteste von allen, eine rothaarige Studentin älteren Semesters, ihres Zeichens Oberlesbe mit makellosem feministischem Leumund, eine Augenbraue und verkündete mein Todesurteil: „Wie kannst du erwarten, daß dir auch nur eine prinzipientreue lesbisch identifizierte Frau vertraut, wenn du weibliche Energie und lesbisches Wissen an unsere Unterdrücker weitergibst?"

Ich starrte sie an wie ein Hase, der mitten auf der Straße im Scheinwerferlicht gefangen ist. Diese Frage konnte ich nicht beantworten. Tränen traten mir in die Augen. Ich erwartete gar nicht, daß mich irgend jemand liebte oder mir vertraute. Mein sexuelles Selbstvertrauen war reine Theorie. Ich war bislang nur mit ganz gewöhnlichen Teenagerinnen im Bett gewesen, die vermutlich dachten, ich sei diejenige von uns beiden, die sich lesbisch-feministischen Prinzipien verpflichtet fühlt. Beim Sex füllte sich mein Mund mit dem Honig ihrer Lippen und Mösen. Zwischen unserem liebevollen, romantischen Beisammensein und dieser Inquisition im Neonlicht lagen Welten. Damals konnte ich nicht ahnen, daß ich mir eines Tages als lesbische Sexpertin einen Namen machen würde, während jener Rotschopf mit ihrem Ehemann und zwei Kindern in einem Vorort von Chicago lebte. Meine damalige politische Haltung ließ den wichtigsten Grundsatz außer acht: Denkste!

So sehr mich die Anklagen von Schwulen und Lesben verletzten, so empfindlich reagierte ich auf die alltägliche heterosexuelle Arroganz. Ich mochte nie gern von meiner Bisexualität erzählen. Heteromänner interpretierten es als Anmache und Eigenwerbung. Da zog ich es doch vor, daß sie schon aus zwei Kilometer Entfernung meinen Lesben-Button lesen konnten. Die Lesben hingegen nahmen an, daß ich ein Spielchen spielte. Falsch. Latente Lesben verstanden meine Bisexualität als Einladung, sich darüber auszulassen, wie abstoßend sie „echte" männerhassende Lesben fanden. „Oh, tut mir leid", hätte ich in solchen Momenten am liebsten gesagt. „Ihr habt mich falsch verstanden. Ich bin eine männerhassende Bi-Frau."

Aber ich hielt den Mund. Abgesehen von wenigen Ausnahmen erzählte ich allen, ich sei lesbisch. So bedeutsam schien mir der Unterschied nicht. Zehn Jahre lang beschränkten sich meine leibhaftigen sexuellen Begegnungen mit Männern auf sporadische und etwas merkwürdige Abenteuer. Einmal um Weihnachten herum fickte ich zum Beispiel mit dem Typen von UPS, der meine langweilige Arbeitsstelle mit Paketen belieferte. Ein anderes Mal verbrachte ich die Nacht mit einem der politischen Helden meiner Jugend, einem achtundsechzigjährigen Mann, der einst einen Hafenarbeiterstreik geführt hatte und jetzt an Diabetes erkrankt war. Er kriegte keinen hoch, was ihm sehr zu schaffen machte. „Das ist nicht weiter schlimm", tröstete ich ihn. „Ich bin lesbisch und erwarte das nicht unbedingt. Ich möchte einfach bei dir sein." Diese Nähe mit ihm zu spüren empfand ich als Privileg.

Mittlerweile habe ich begriffen, daß die Sprüche vom „Heteroprivileg" ganz und gar nicht mit dem Luxus oder der Ehre zusammenhängen, mit meinem Unterdrücker – oder Mentor – ins Bett zu hüpfen. Vielmehr handelt es sich dabei um eine intellektuell verbrämte Umschreibung des Schmerzes, den der Verlust deiner Geliebten an einen Mann auslöst. Ich habe jede einzelne demütigende Szene in diesem Seifenopernskript schon durchgespielt. Ich bin neben Frauen aufgewacht, die mir nicht in die Augen sehen konnten, nachdem sie sich die ganze Nacht an mich geklammert hatten, und jetzt nichts anderes im Sinn hatten, als sich so schnell in die Arme ihrer Liebhaber zu flüchten, daß sie dabei über ihre eigenen Schnürsenkel stolperten.

Eines denkwürdigen Abends beobachtete ich bei einer Party, bei der der Alkohol in Strömen floß, wie meine Geliebte Sherry mit einem meiner Mitbewohner, einem großen blonden Kerl, der mich um dreißig Zentimeter überragte, in einem Schlafzimmer verschwand. Ich preßte mein Ohr gegen die Tür und blendete den B 52-Song aus, der im Hintergrund plärrte. Ich hörte, wie sie miteinander vögelten, und konnte es kaum glauben. *Why don't you dance with me?* Ich war so schockiert, daß ich den Mut aufbrachte, das Zimmer zu betreten. „Sherry?" rief ich in Richtung der blonden Mähne, die über dem Bett hing. Ihr schmaler Körper war unter seinem verschwunden. Es war ein Wunder, daß sie mich nicht hörten, so nah war ich an sie herangetreten. Ich wandte mich schließlich ab, zog die Tür hinter mir zu und beschloß zu warten – notfalls die ganze Nacht –, bis sie herauskäme und ich sie zur Rede stellen könnte.

Gegen vier Uhr morgens wankten einige Neuankömmlinge mit einem frischen Faß Bier zur Tür herein. „Hey, deine Freundin ist gerade aus dem Schlafzimmerfenster gesprungen. Was ist denn mit der los?"

Ich rannte aus dem Haus, aber das einzige, was ich von Sherry sah, war ein kleiner Abdruck im Rasen, wo sie gelandet war. *Everybody goes to parties, they dance and mess around ...*

Heute arbeitet Sherry an der New Yorker Börse und lebt als Butch seit zehn Jahren mit derselben Frau zusammen. Aber glaub mir, die Nacht damals war hart!

Ich würde dem Rotschopf aus dem Lesben-Seminar gern wiederbegegnen, um ihr diese Geschichte zu erzählen. Sherry hatte mich betrogen – nicht die Homosexualität, nicht das lesbische Imperium. Sie machte für diesen Typ die Beine breit; ich stand reglos daneben und sah ihnen zu. Sie flüchtete aus dem Fenster, ich heulte, und wir fingen noch einmal von vorn an. Wir sind zu jedem Betrug und jeder Versöhnung fähig.

Ich nehme meine Bibel zur Hand – Roland Barthes' *Fragments d'un discours amoureux* oder „Disco der Liebe", wie ich es gern nenne. „Das Gefühl einer Häufung von Liebeskümmernissen zerbirst in dem Aufschrei: ‚Es kann nicht, es kann nicht so bleiben ...'" Kann es doch. „Nichts glückt, aber es geht stets weiter."

Ich konnte mir nicht vorstellen, wie ich weiterleben sollte, nachdem Sherry mich verlassen hatte. Das Gefühl, das du hast, wenn du eine Frau an einen Mann verlierst, kommt der brennenden Scham in deiner Kindheit nah, als du von den anderen gehänselt wurdest. Du fühlst dich unfähig, bist außerstande, um sie zu kämpfen, und gleichzeitig wird dir übel, wenn du nur daran denkst, dich mit ... *dem da* zu vergleichen. Nicht unbedingt mit *dem Ding da* zwischen seinen Beinen, sondern mit dem Ding da zwischen seinen Ohren, aufgrund dessen sich jeder Mann für Gott hält.

Später verließ ich selbst einmal meine Freundin, weil ich mich in einen Mann verliebt hatte. Als ich die Anhöhe zum Auto hochlief, das mit dem halben Mobiliar vollgestopft war, brüllte sie mir als härtesten Vorwurf nach: „Du hast wohl mit deinem Liebhaber schon gefickt!" Volltreffer.

Ja, ich hatte, und ich würde es noch oft mit ihm treiben. Ich wollte zurückbrüllen: „Du kapierst es nicht, du wirst es nie begreifen!"

War sie denn noch nie von einer so wilden Lust überwältigt worden, daß sie all ihre Grundsätze, Überzeugungen und moralischen Prinzipien in den Wind schrieb? Natürlich kannte sie dieses Gefühl. Immerhin war sie zwölf Jahre älter als ich. Sie begriff sehr wohl, was los war, im Gegensatz zu mir.

Sich der Lust hinzugeben heißt einen Zustand der Panik, eine Art körperlicher Notsituation auszurufen. Ich schämte mich, weil ich meine Geliebte verließ, die mich mit ihrer Hand in den Arsch gefickt hatte, den Geschmack jeder meiner Körpersäfte kannte, mich wieder und wieder an den Rand der Klippe geführt und mich so geliebt hatte – wie konnte ich ihr das antun?

Sieh mich an – und beobachte dich selbst dabei, wenn du meinen Fußstapfen folgst, jenen Schritten, die unbeirrbar in jene dunkle Gasse führen, in die wir uns vor solchen Verletzungen flüchten. Ich wollte nie hetero sein. Ich war mit meiner Bisexualität zufrieden gewesen, solange Männer nur am Rande auftauchten. Doch als ich mit diesem Kerl fickte, beging ich einen Akt größter Perversion.

In meiner Scham griff ich wieder einmal zu „Disco der Liebe" und setzte mich aufs Klo: „Wenn der Überschwang dahin ist, bin ich auf die allereinfachste Philosophie reduziert: auf die der Ausdauer (als der natürlichen Dimension der wirklichen Anstrengungen). Ich dulde, ohne mich abzufinden, ich harre aus, ohne mich zu gewöhnen: immer verzweifelt, nie entmutigt; ich bin eine Daruma-Puppe, ein Stehaufmännchen ohne Beine, dem man unablässig Nasenstüber verpaßt, das aber *letztlich* doch zu seiner aufrechten Haltung zurückfindet, die durch einen Kegel im Inneren gewährleistet bleibt (was aber ist mein Kegel? die *Stärke* meiner Liebe?) ...

‚So ist das Leben:
Siebenmal hinunter,
Achtmal hinauf!'"

Verstandesmäßig betrachtet, ziehen wir stets die Angehörigen unseres eigenen Geschlechts vor, auch wenn wir keinen Sex mit ihnen haben. In dieser Hinsicht unterscheiden sich Bisexuelle nicht von allen anderen. Sie haben nur öfter Gelegenheit, das Schauspiel von außen zu betrachten. Mit dem anderen Geschlecht zusammenzusein ist nie „besser"; es ist ein klassischer Kompromiß, so verlockend er auch sein mag. Manche halten es für „Feminismus", wenn Frauen Frauen bevorzugen, und für „Chauvinismus", wenn Männer sich zu Männern hingezogen fühlen. Doch die Vorurteile reichen weiter zurück. Für deinen Gegenpart empfindest du immer leichte Geringschätzung. Ich vermag an die Liebe und mehr noch an die Lust zu glauben, aber niemals an die Gleichheit zwischen den Geschlechtern.

Doch die Eifersucht macht alle gleich. Sicherheit und Ausschließlichkeit – so oft versprochen wie gebrochen – stehen hoch oben auf der Wunschliste aller Liebenden. Ich verabscheue Eifersucht und kann sie doch nur mit strenger Disziplin unter Kontrolle halten. Sie ist wie eine Haut, derer ich mich nicht entledigen kann.

Ich suche nach Geliebten, die meine Bisexualität nicht als Bedrohung empfinden, die nicht fürchten, daß ihre Liebe zu mir in stetem Wettstreit mit ihrem Geschlecht steht. Diese Angst ist die eigentliche Reaktion auf Bisexualität, nicht politische

Thesen. Wenn ein bisexueller Mensch des Verrats bezichtigt wird, entlarvt dies unsere verzweifelte und durchaus menschliche Angst davor, abgewiesen zu werden. Auch mir selbst fällt es schwer, diese Eigenschaft an mir zu akzeptieren.

Laß mich offen und ohne Scham sein, wie es meiner Profession geziemt. Auch von *dir* möchte ich nicht hören, daß du „bisexuell" bist; vor allem nicht, nachdem du mich gefickt hast, bis mir Hören und Sehen verging. Erzähl mir nicht, wer du „bist". Vor dir steht auch nur ein Mensch, eifersüchtig und verletzlich, und vielleicht verliebe ich mich ernstlich in dich. Zeig mir, was du kannst. Falls es dir gelingt, mich zu blenden, folge ich dir, vielleicht bis zur Selbstaufgabe, bis zum Verrat, über glühende Kohlen. Unsere Begegnung wird unter dem Zeichen des Persönlichen stehen, nicht zwangsläufig unter dem Schirm von Prinzipien. Im Augenblick nach dem Orgasmus ist es das, was zählt. Und noch lange danach.

Das Sexleben der Legehenne

Eine ganz besondere junge Dame hat mir im letzten Frühjahr den Kopf verdreht. Auch wenn es vielleicht abgedroschen klingt – es fing damit an, daß ich bei *Love Live*, Dan Savages Radiosendung, zu Gast war. Ich war auf jegliche Herausforderung vorbereitet, wollte um keine Ejakulation drumherum reden. Mit nicht gerade geringem sadistischem Vergnügen kündigte der Moderator an, daß er die erste Zuhörerin in der Leitung habe – und sie sei eine harte Nuß. „Diane" – Diane W., ich glaube, aus Tacoma – war kein schüchtern errötender Fan, die zwischen meinen Zehen leckend die Geheimnisse herausragender Liebestechniken zu ergründen suchte. Sie hatte vor, mich mit ihrer höchsteigenen Diagnose zurechtzustutzen. „Was fällt dir eigentlich ein", legte sie los, „dich eine Lesbensexpertin zu nennen, wo doch alle wissen, daß du seit Jahren eine bisexuelle Legehenne bist?"

Himmel, wie ich dieses Land liebe. Adrenalin schoß durch meinen Körper.

„Hör zu, Diane", antwortete ich, „ich habe die Nase voll von Leuten wie dir, die darauf aus sind, Berühmtheiten in die Pfanne zu hauen. Ich bin eine Expertin in Sachen lesbischem Sex. Und selbst wenn ich nie wieder eine Frau ficken sollte, weiß ich immer noch mehr über Lesbensex als neunzig Prozent aller Lesben, die ihn praktizieren. So gesehen bin ich mir fast sicher, mich damit besser auszukennen als du. Es ist zum Heulen. Ich weiß zuviel über lesbischen Sex, und was noch schlimmer ist: Ich kann's nicht vergessen – trotz wiederholter Anfälle von Heterosex und obwohl ich ein Kind geboren habe, wie du richtig bemerkt hast. Dies ist der Preis, den ich dafür zahle, eine Berufslesbe gewesen zu sein."

Ich habe keine Ahnung, wieviel Diane wirklich über meine sexuelle Vergangenheit wußte. Meine Antwort im Radio beendete unsere Unterhaltung mit sofortiger Wirkung. Es ist Diane vermutlich bekannt, daß ich der Kopf hinter dem Lesbenpornomagazin *On Our Backs* war – seinerzeit, als es noch Mumm brauchte, solch eine Zeitschrift herauszugeben. Oder vielleicht hat sie mal eine eselsohrige Ausgabe von *Susie Sexperts Sexwelt für Lesben* gelesen, der lesbischen Lifestyle-Bibel für alle Mösentaucherinnen und Fäustlerinnen unter Vierzig.

Diane hat vermutlich keine Ahnung von meinen weiteren Verdiensten und Lesbenorden, zum Beispiel, daß meine Freundin und ich einmal zu „Amerikas entzückendstem Lesbenpärchen" gekürt wurden. Ein klassischer Todeskuß – wir haben uns drei Monate danach getrennt, nach sechsjähriger Beziehung.

Der Anruf von Ms. W. ging mir wochenlang nach, und das war nicht nur mit einem verletzten Ego zu erklären. Ich weiß, wie umstritten dieses Bi-Ding unter Frauen ist. Ich habe selbst die Tiefen der lesbischen Minderwertigkeitsgefühle durchgemacht und bin mir sicher, daß es hier weniger um eine „queere" Identitätskrise geht, als vielmehr um Fragen der weiblichen Identität. In meinen verletzlichsten Momenten habe ich verkündet, daß sowohl schwullesbischer wie bisexueller Stolz seine Bedeutung für mich verloren hätte und schrieb: „Liebe kennt keinen Stolz, und das ist die Fahne, unter der die reale Welt marschiert."

Jedesmal, wenn ich versuchte, meine Reaktion auf die Dan-Savage-Sendung einzuordnen, ging mir ein Zucken durch die Schenkel. Ich stellte mir immer wieder die Stimme der Anruferin vor. Ich hatte das Gefühl, daß Diane eine Butch ist. Mir schwante, daß sie einen riesigen Schwanz hatte und es nicht ertragen konnte, daß Jungs mit nur halb soviel Mumm all die Mädchen abkriegten. Ich wußte es einfach ... wenn ich diese Frau in einer Bar träfe, würden wir miteinander im Bett landen. Hurra! Ich hatte den Nagel endlich auf den Kopf getroffen – ich hatte gar keine Lust, mich mit Leuten zu streiten, die kein gutes Haar an Bisexuellen lassen. Ich wollte ihre Hände auf meinem Körper spüren, ihre Lästereien mit meinem Mund ersticken.

Es gibt zwei Arten von Menschen, die Bisexuelle hassen. Eine ist die zickige Latente, die zweifelsohne vor Ablauf des Jahres mit Männern ficken wird. Am anderen Ende des Spektrums werden die Langzeit-Butches von kokettierenden Femmes und ahnungsloser männlicher Konkurrenz in den Wahnsinn getrieben. Erstere würde ich am liebsten ohrfeigen, letztere feinfühlig verführen.

Ich will dir nichts vormachen, Diane: Ich werde mich nicht zurücklehnen und dich die ganze Arbeit tun lassen. Ich weiß, daß Traumfemmes rar gesät sind, und der Grund, weshalb wir so begehrt sind, ist, daß wir es wert sind, meine Liebe. Nachdem ich meine Schwärmerei für Tacoma Tornado erst einmal zugegeben hatte, blieb mir nichts anderes übrig, als auch die restlichen Einsichten einzugestehen. Die Sache ist nämlich die: Ich stehe selbst nicht auf Sex mit Bisexuellen!

Welch eine Offenbarung! Lassen wir mal all die Argumente beiseite, mit denen Bisexuelle normalerweise niedergemacht werden: daß sie sich nicht entscheiden können, daß sie gern mal in Nachbars Garten naschen, daß sie einfach noch nicht soweit sind – der Himmel weiß, daß sich genug Menschen mit eben diesen Eigenschaften unter Stockhomos wie unter Stockheteros finden. Ebenso vernachlässigen wollen wir die Verdrängungslesben – Heteras, die fürchten, die große, böse Butch in sich zu entdecken. Diese Frauen veröffentlichen typischerweise so irritierende Kontaktanzeigen wie „Gutaussehende, feminine Frau sucht ebensolche für softe Romanze". Möge Gott ihnen beistehen, wenn sie entdecken, daß ihnen einer steht.

Vernachlässigen wir einmal diese Dunkelziffer und erkennen wir die offenkundige, allerseits unterdrückte Wahrheit: Offen bisexuelle Frauen sind Femmes. Sie fühlen sich von Maskulinität und Androgynität erotisch angezogen, egal ob in weiblicher oder männlicher Verpackung. Wenn sie Teil der Queer-Kultur sind, genießen sie zweifelsohne die Gedanken- und Bewegungsfreiheit, die ein solches Umfeld Frauen ermöglicht. Doch wenn ihr der richtige Kerl über den Weg läuft, will ihn diese Frau auch. Mehr noch, sie möchte ihn in ihre fortschrittliche Homowelt mitnehmen – denn um keinen Preis will sie in der Heterowelt leben. Deswegen ist es so herzzerreißend, wenn eine Lesbe ihre bisexuelle Ex niedermacht: „Jetzt hat sie nicht nur einen Kerl – sie will ihn auch noch zu unserem Picknick mitschleppen!" Ja, was denkst du, wohin sie ihn sonst mitschleppen sollte – ins Gasthaus zum goldenen Hirschen? Sie ist doch nicht gehirnamputiert. Sie steht bloß auf einen Typen.

Ich habe überlegt, ob ich irgendwelche bisexuellen Butches kenne, denn das wären theoretisch die einzigen Bifrauen, auf die ich stehen würde. Mir sind ein paar Lederlesben eingefallen, die mit schwulen Männern Daddy/Sohn-Spiele inszenieren oder mit ihnen schieren SM treiben. Sie verstehen sich aber nicht als bi, und das sagt schon vieles. Dieses Label würde so lächerlich wirken, als ob sie sich selbst als Betthäschen bezeichneten. Ja, dich selbst in einer überfüllten Lesbenbar als bi zu outen, ist, als ob du ein Spitzentaschentuch schwenken und trillern würdest: „Juhuuu! Ich bin ein Määd-chen!"

Ich komme nicht umhin, zu folgern, daß vieles von dem, was in unserer Szene unter Bi-Phobie läuft, nichts anderes ist als reine Abneigung gegen eine ausgeprägte Femmeness. Nicht die Art von Weiblichkeit, die Kosmetik und ein Hochzeitskleid braucht, damit sie vollständig ist, sondern die Art von Femmepower, die ihren Ursprung in der Möse hat, egal ob die Femme eine Hure, Göttin oder Daddy's Girl ist. Es ist eine wilde sexuelle Gier, die keine Reue kennt und deren Verdrängung die pure Hölle ist. Sie will einfach richtig gefickt werden – ist das so schwer zu verstehen? Und sie fühlt sich da hingezogen, wo diese Erwartung erfüllt wird. Im Gegensatz zu den paranoiden Rückschlüssen von Butches mit Verabredungsproblemen ist es nicht zwangsläufig wahrscheinlicher, daß unser Femme-Babe diese Qualitäten eher bei einem Kerl als bei einer Frau findet. Sicher gibt es mehr Männer, klar ist es einfacher, sie abzuschleppen, aber die meisten von ihnen halten ihre maskuline erotische Power für gegeben. Eine Butch hingegen weiß, daß sie etwas Besonderes ist, selbst wenn sie noch nie einen umgeschnallt hat.

Komm schon, Diane W., ich fordere dich heraus. Was ist an dir so Besonderes? Begatte mich, du verfluchter lesbischer Hurensohn. Mir werden statt Babys Sterne aus der Möse fallen, und du wirst dich nicht mehr fragen, ob Bi-Frauen jemals die Wahrheit sprechen.

Sexberaterin der Stars – Meine Rolle in **Bound**

Über die Jahre habe ich unzähligen Menschen Tips für ihr Sexleben gegeben, aber ich hatte nie die Chance, zu überprüfen, ob sie meine Anleitungen auf den Punkt genau befolgten. Und genau das fand ich so befriedigend an meinem Job als Sexberaterin bei einem großen, schicken Kinofilm: Dieses eine Mal konnte ich mich vergewissern, daß all die Techniken, von denen ich schwärmte – verknüpft mit vollendeter Zärtlichkeit –, nach meinen strengsten Kriterien ausgeführt wurden. Es war wirklich entzückend. Ich fürchte, das Austeilen von kostenlosen (und unüberprüften) Sexratschlägen wird mich nie mehr richtig befriedigen.

Ich war die „technische Beraterin" bei dem einzigen Kinofilm von 1996, der den „Feuchtigkeitstest" der Filmkritik bestand: *Bound* mit Gina Gershon und Jennifer Tilly. Es war das Spielfilmdebut der Drehbuchautoren / Regisseure Larry und Andy Wachowski, ein Thriller im Stil des Film noir über ein lesbisches Liebespaar und dessen Versuch, die Mafia auszutricksen.

Was gab es da „technisch" zu beraten? Es ist ein Film von atemberaubender Spannung – und mit einer gehörigen Portion Gewalt –, und dabei gehöre ich zu jenen Mädchen, die selbst das Warten auf eine Geburtstagsüberraschungstorte kaum aushalten. Nun, meine Expertise wurde gebraucht, um zu zeigen, wie aus unserer Butch und unserer Femme überhaupt Liebhaberinnen werden: Corky, das kürzlich auf Bewährung entlassene Ebenbild von James Dean, und die üppige Violet, eine kurvenreiche Mafia-Braut.

Es begann vor ungefähr zwei Jahren mit bescheidener Fanpost. Ich erhielt einen Brief von Larry und Andy – in der Anlage ein Drehbuch –, in dem sie schrieben, daß sie von meinen Veröffentlichungen hingerissen seien, so etwa von meiner frühen lesbischen Vergnügungsbibel *Susie Sexperts Sexwelt für Lesben*. Die Brüder meinten, es wäre ihnen eine Ehre, wenn ich einen winzigen Gastauftritt in ihrem Film hinlegen würde.

Wie nett, dachte ich, doch auch auf die Gefahr hin, wie eine verwöhnte Göre zu klingen: Die Einladung haute mich nicht gerade um. Heutzutage dreht doch anscheinend jede/r seinen eigenen Film, mich eingeschlossen: Ich habe No-Budget-Pornovideos mit Freundinnen gemacht, die auch nicht mehr Erfahrung hatten. Ich werde dauernd gefragt, ob ich bereit wäre, meine Hüllen vor der Kamera fallenzulassen, Dialoge für experimentelle Videolyrik zu schreiben oder einer Freundin für deren Dokumentarfilm über Dominas meine schenkelhohen Lederstiefel zu leihen. Ich schätze die Kreativität und das Draufgängertum meiner FreundInnen. Doch einen Film zu produzieren ist harte Arbeit, und ich wurde zusehends wählerischer. Was diesmal mein Interesse weckte, war der Briefkopf des Schreibens: Er zeigte nicht die Namen der Brüder Wachowski, sondern in geprägten Lettern „Dino de Laurentiis Studios", und das war eine ziemlich coole Visitenkarte. De Laurentiis ist ein bekannter Produzent – der Mann, der hinter *Dune* steckt. Ich beschloß, die Geschirrspülmaschine später einzuräumen, und setzte mich mit dem Drehbuch an den Küchentisch.

Während der nächsten Stunde rührte ich mich nicht, höchstens um zu kreischen, wenn ich angesichts der Achterbahnstory den Verstand zu verlieren drohte. Immer wenn ich mir sicher war, daß es unseren Mädels nun aber wirklich an den Kragen gehen würde, geschah etwas Unvorhergesehenes, und kurz darauf landeten sie in der nächsten teuflischen Falle. Die Action war rasiermesserscharf, und ich hatte die Dialoge förmlich im Ohr. Es war ein phantastisches Script. Nur eines fehlte.

Ich schrieb an Mr. und Mr. Wachowski:

„Ihr Drehbuch ist hervorragend, und ich gebe gern ein kleines

Gastspiel. Bitte halten Sie mich nicht für anmaßend, aber könnte ich Ihre Lesbensex-Beraterin werden? Es ist auffallend, daß nie gesagt wird, was als nächstes passiert, wann immer die beiden sich in die Arme fallen. Im Namen aller KinogängerInnen, die keine weitere klebrig-süße ‚Lesbierinnen'-Sexszene überleben – darf ich Ihnen bitte, bitte, bitte ein paar Ratschläge geben, was zwei Frauen wie diese im Bett miteinander tun würden?"

Sie sagten ja. Vielleicht haben sie auch *juhu!* geschrien. Jedenfalls lernte ich einige Wochen später Larry und seine Frau Thea in einem Holiday Inn-Motel kennen. Sie waren beide nüchtern und normal – also genau das Gegenteil all dieser aufgeblasenen Hollywood-Möchtegernkünstler, die mir in der Vergangenheit begegnet waren –, so daß ich hinsichtlich unserer Zusammenarbeit ein gutes Gefühl hatte. Und daß sie meine Sachen kannten, war nicht gelogen – die beiden zitierten mich besser, als ich selbst es je vermocht hätte. Ich begriff, daß sie den Lesben in ihrem Film jenes locker-sensible Draufgängerinnentum verpassen wollten, das ich so oft beschrieben hatte.

Ich weiß nicht, wie viele von euch über die Jahre das Gesamtangebot lesbischer Filme gesehen haben. Die meisten davon, wie zum Beispiel *Personal Best* oder *Desert Hearts*, zeigen eine zärtliche Coming-out-Story, schüchtern-romantisch, erotisch eher zaghaft. Ich selbst bin bekanntlich schüchtern und sentimental, doch das lesbische Leben und Lieben beginnt und endet nicht mit Babypudervorspiel. Das ultimative sexuelle Erlebnis spielt sich für die meisten beim ersten Mal nicht zwischen den Laken ab. Je mehr Erfahrung du sammelst, je klarer du weißt, wer du bist und was dir gefällt, desto besser wird dein Sexleben. Warum also werden Hollywood-Lesben stets im Windelstadium ihrer Entwicklung beschrieben? Ich sehnte mich nach Filmfiguren, die wußten, was sie wollten, die nach mehr hungerten. Ich wollte die feuchtäugige Mädchenhaftigkeit hinter mir lassen und ein bißchen Pussypower zeigen.

Als erstes schickte ich Larry und Andy ein Bild, das auf dem Cover von *Nothing But the Girl* abgebildet werden sollte, dem lesbischen Erotik-Photoband, an dem ich arbeitete. Als ich Gina das erste Mal begegnete, hatte ich dasselbe Bild bei mir: Es zeigt eine wunderschöne Butch, die wie Rodins Denker dasitzt, mit Tattoo und Muskeln, mit einer Haartolle wie Elvis, aber mit all den Schatten und sanften Rundungen eines Frauenkörpers. Das Model hieß Ronny, aber als ich den Regisseuren das Photo schickte, schrieb ich dazu: „Das ist Eure Corky."

Die Figur der Corky bedeutet eine Offenbarung für das Hollywood-Kino, denn es ist das erste Mal seit den Tagen von Marlene Dietrich und Greta Garbo, daß weibliche Maskulinität erotisiert wird. Wenn wir sonst eine Frau sehen, die wie eine Butch daherkommt, eine „männliche Frau", ist sie gewöhnlich die Psychopathin, die aus dem gesellschaftlichen Rahmen fallende Außenseiterin, die lächerliche Figur, für die es keine Hoffnung gibt. Sie ist die Gefängniswärterin, die abgedrehte Type, die brutale Krankenschwester, der ausgestiegene Punk. Wann hätten wir je eine umwerfende Frau unserer Generation auf der Leinwand gesehen, die sich bewegt wie Jimmy Dean, schmollt wie der junge Brando und zielsicher ist wie Eastwood? Corky mußte die Art Frau sein, auf die das ganze Publikum abfährt, und dies mußte sie hinbekommen, ohne sich auch nur im geringsten mädchenhaft zu gebärden.

Violet wiederum konnte nicht einfach eine x-beliebige heterosexuelle Braut sein, die sich irgendwie treiben ließ. Sie mußte eine vollendete Femme sein, so berechnend und sinnlich wie eine Katze; eine Frau, die ein Stück ihrer Seele verloren hatte, weil sie Männer für Geld fickte, aber die genau weiß, welche Art von Berührung sie braucht, um erlöst zu werden. Vor allem aber – und das war der Teil, der das Klischee der gefährlichen *femme fatale* unterwanderte – mußte sie die gefährliche Femme sein, auf die du zählen kannst, ob es nun darum geht, dich kommen zu lassen oder dich aus der Klemme zu holen.

Die Wachowskis hatten die Figuren und deren Dialoge in ihrem Drehbuch stimmig hingekriegt; nun ging es darum, diese Stimmigkeit in den Sexszenen beizubehalten. Doch in Anbetracht der infantilen Natur der amerikanischen Zensur stellte sich die Frage: Was können wir auf der Leinwand zeigen, ohne von den Produzenten eins auf die Finger zu kriegen? Es waren erschreckende Aussichten.

Ich schicke den Brüdern einige zensierte Filmausschnitte über lesbischen Sex, die ich mir inspirationshalber angesehen hatte. Darunter eine Duschszene aus Robert McCallums *3 AM*, ein Golden Oldie der Pornowelt, der jedes Publikum vor Ehrfurcht mucksmäuschenstill werden läßt. Und ich erzählte ihnen von einem Video, in dem ich mitgespielt hatte und das von einer Freundin gedreht worden war: Cecilia Doughertys *Kathy*. Ich liebe die Sexszenen in diesen Filmen und hatte schon ein paar Ideen, wie wir etwas ähnliches hinkriegen würden, ohne die Einstufung „Frei ab 16 Jahren" zu gefährden.

Ich hatte zwei Grundgedanken im Kopf: Erstens sollte dieser Film – im Gegensatz zu den meisten Hollywood-Lesbenszenarien – keinen Oralsex enthalten. Das wäre nicht das, was unsere beiden Hauptfiguren, als allererstes tun würden. In *Bound* geht es darum, sehr schnell in jemanden einzudringen, einem Menschen vollstes Vertrauen entgegenzubringen – die beiden Frauen mußten also miteinander ficken. Penetration – diese Art von Sex wollten wir andeuten. Doch gleichzeitig würden wir weder mit gynäkologischen noch mit Hardcore-Einstellungen in einem Film davonkommen, der auf Amerikas Shoppingmalls abzielte.

Du und ich wissen, daß es Tausende von Hollywood-Filmen gibt, in denen uns nahegelegt wird, daß das heterosexuelle Paar „Geschlechtsverkehr" hat – die Beispiele reichen von *From Here to Eternity* bis zu Michael Douglas' neuestem Machwerk. Wie also vermitteln wir, daß Lesben miteinander „verkehren", ohne es zuzuzeigen?

Die Idee – aus *Kathy* geklaut – ging dahin, daß wir die Beine einer Frau zeigen, die angespannt sind und drücken, und den Unterarm ihrer Liebhaberin zwischen ihren Schenkeln. Wir würden einen Augenblick bei dem Arm verharren, der wie beim Ficken vor- und zurückging, sicher, beharrlich, entschlossen. Dann, statt dem Arm zur Möse der Geliebten zu folgen, würden wir zu deren Bauch wechseln, der bebt wie ein Schmetterling in jenen Kontraktionen, die wir alle als Orgasmus wiedererkennen. Ich fand die Idee toll, den Bauch einer Frau auf diese Weise zu erotisieren. Viele männliche Sexfilm-Produzenten versuchen, die Erregung einer Frau zu zeigen, indem sie die Kamera auf ihren Ausschnitt richten. *Sie* mögen ja vielleicht dahin gucken, aber es gibt doch viel mehr zu sehen!

Die zweite Schlüsselidee war, die Hände der Frauen zu erotisieren, wann immer sie flirteten oder sich liebten. „Die Hände sind der Schwanz der Lesbe", behauptete ich wie eine gestandene Pornographin, „also sind sie der Ständer des Films. Ihnen folgt ihr. Wenn ich Corkys Hände auf der Leinwand sehe, will ich mir vorstellen, wie sie sich in mir drin anfühlen. Sie sind der metaphorische Ersatz für die Genitalaufnahmen, die ihr nicht zeigen könnt."

Ich schwankte während der ganzen Beratungszeit zwischen Furcht und Frohlocken. Aus einem früheren Beratungsauftrag für einen Film mit großem Budget war ich als gebranntes Kind hervorgegangen. In den späten Achtzigern hatte mich ein adretter Südkalifornier angesprochen, der wissen wollte, ob ich glaubte, daß es einen Markt für erotische Filme aus weiblicher Perspektive gäbe.

Hm, ja. Allerdings meinte ich das. Ich hätte nie Karriere gemacht, wenn nicht all diese unglaublichen Frauen aufgetaucht wären und angefangen hätten, ihre erotischen Geschichten zu schreiben, ihre Filme zu drehen, Sextoys herzustellen und ein Umfeld zu schaffen, das ihr wahres Begehren in all seiner Vielfalt berücksichtigt. Ich kenne keine einzige Frau, die nicht enttäuscht darüber ist, wie weibliche Sexualität im Fernsehen, in Frauenzeitschriften und Hollywood-Filmen dargestellt wird. Es ist Müll und eine glatte Beleidigung.

So kam es, daß ich den Dialog eines Drehbuchs schrieb für eine von mir sehr bewunderte Regisseurin, Lizzie Borden. Ich genoß die Arbeit mit den SchauspielerInnen am Set außerordentlich. Doch als ich erst einmal abgetreten war, kam der Produzent und entfernte alles, was ihm persönlich Unbehagen bereitete, und das war das Ende eines vielversprechenden Films. Ich präsentierte ihn bei seiner Premiere auf einem Filmfest in Seattle und sah mich mit einem Publikum konfrontiert, das sich von mir persönlich verraten fühlte. Das sollte weibliche Erotik sein? Ich hätte gern einen Anstecker mit dem Aufdruck „Ich tue hier nur meine Arbeit" getragen. Ich stimmte mit jeglicher Kritik überein. Wieso waren keine nackten Männer zu sehen? Wozu all dieser verschämte lesbische Blümchensex und keine Erotik zwischen Männern, obwohl dies im Manuskript klar vorgesehen war? Warum all die Geschlechterklischees?

Bis zu diesem Zwischenfall hatten all meine Texte, all meine Projekte das Siegel der Integrität getragen. In dem Moment, als ich mich von einem großen Filmstudio anheuern ließ, war mein Ruf ruiniert. Welch ein Alptraum. Was Larry und Andy anging, hatte ich das Gefühl, wir befänden uns auf ein und derselben Wellenlänge, doch ich würde nicht mehr dabei sein, wenn der Produzent, dessen Erbsenzähler und Rechtsanwälte Hand an den Film legten. Sämtliche Lesben und lesbenliebenden Menschen, denen ich je begegnet war, würden sich diesen Film ansehen, und sie würden mich bei lebendigem Leib grillen, falls er nicht hundertprozentig authentisch war.

Die meisten Fans, die ich traf, erkundigten sich nicht nach den Regisseuren, sondern nach den Stars von *Bound*. Vor meiner bösen Erfahrung hätte ich das wohl genauso gemacht. Wenn du eine Lesbe auf der Leinwand siehst, die dich mit ihrem Charisma und ihrer Sexyness in ihren Bann schlägt, möchtest du ihr all deine Dankbarkeit und dein Identifikationsbedürfnis zu Füßen legen. Andy und Larry sehen gewiß nicht wie die glamourösen Lesben deiner Träume aus, aber glaub mir, die Charaktere, die wir in *Bound* gesehen haben, sind ihrem unglaublichen Vorstellungsvermögen und ihrer fruchtbaren Libido zu verdanken – plus ein bißchen Inspiration von mir und vermutlich einer Reihe von KünstlerInnen und LiebhaberInnen, die die Jungs über die Jahre bewundert haben.

Ich war ziemlich nervös vor meiner Begegnung mit Gina Gershon. Ihre Rolle war diejenige, die mir Sorgen bereitete. Jede Schauspielerin beherrscht die Rolle der Hure/Geliebten/Sirene – also die Verkörperung von Jennifer Tillys Violet. Aber wie viele Frauen in Hollywood können eine sexy Butch spielen, die du am liebsten in- und auswendig kennenlernen würdest?

Gina und ich trafen uns vor Drehbeginn in San Francisco. Als sie auf mich zukam und meine Hand ergriff, verspürte ich Erleichterung. Sie paßte schon rein optisch und war garantiert in der Lage, den dunklen, attraktiven und verschlossenen Typ zu spielen.

„Ich hoffe, dir ist klar, daß es hier nicht um eine Müsli mümmelnde Birkenstocklesbe geht", platzte ich heraus, und Gina brach in lautes Lachen aus. Sie befand sich bereits auf der richtigen Fährte, denn sie dachte darüber nach, von welchen erotisch-romantischen, hinreißenden männlichen Ikonen sie ihr Machatum herleiten wollte. Sie lebte zwar selbst nicht lesbisch, hatte aber durchaus schon einiges erlebt. Genau das brauchte ich. Mit einer bis auf die Unterwäsche geprüften Lesbe hätten wir niemandem einen Gefallen getan, wenn sie eine prüde Pomeranze gewesen wäre. Am wichtigsten aber war Ginas Schauspielerfahrung. Sie nimmt ihre Arbeit ernst und ist bereit, eine Rolle bis in die kleinsten Ausprägungen anzunehmen. Ich versorgte sie mit einigen Büchern und den Adressen der heißesten Lesbenclubs, die mir einfielen. Sie war vorbereitet.

Meinen letzten Beitrag zum filmischen Realismus leistete ich kurz vor meiner Reise nach L.A. zu den Aufnahmen für meinen Miniauftritt. Ich spiele ein schnuckeliges Schnittchen, das Corky in einer Bar erfolglos aufzugabeln versucht. Mein ganzer Text ist „Hallo!", aber ich sehe superscharf aus.

Wie dem auch sei, ich wußte jedenfalls, daß der Drehort mit Hilfe von Statistinnen in eine angesagte Bar verwandelt werden sollte. Und mir schwante nichts Gutes, falls diese Statistinnen von einer Casting-Agentur in Hollywood kämen. Nein danke, laßt mal die Witzfiguren draußen. Los Angeles ist eine Stadt voller Dunkellesben. Die Frauen sind hinsichtlich ihrer Femininität derart verklemmt – als Eingeborene sage ich euch, L.A. ist die Hauptstadt der kosmetischen Chirurgie und des Diätenwahns – es würde sehr schwer sein, Statistinnen aufzutreiben, die wie coole Lesben aussahen. Ich rief also Larry an und fragte ihn, ob das Budget ein paar echte Dykes aus San Francisco erlaube, mit deren Hilfe das Ganze nach Lesbenbar aussehen würde, statt nach Saftladen. Ich bekam grünes Licht. Danke, Daddy! Wir verbrachten einen ganzen Tag mit den Aufnahmen für die Szene, aber am Ende hatten wir sie im Kasten.

Das erste Mal sah ich den fertigen Film in Anwesenheit von fünfzehnhundert rasenden Lesben und einigen hundert neugierigen Männern. Ich hatte es so eingefädelt, daß die Premiere beim lesbisch-schwulen Filmfest in San Francisco im weltberühmten Castro-Kino stattfand, einem grandiosen Art-deco-Filmtheater, in dem vor Filmbeginn immer noch ein Organist im Orchestergraben „San Francisco, Open Your Golden Gate" in die Tasten haut. Man möchte am liebsten die Opernhandschuhe anziehen und mit einem Glas Champagner anstoßen, bevor man seinen Platz aufsucht – es ist ein so romantisches, wundervolles Echo der Vergangenheit.

Larry und Thea, Andy und seine Frau Alisa, unser Assistent Phil, Gina und der Cutter fuhren in einer weißen Limousine vor. Ich quetschte Larry und Andy vor Aufregung so sehr die Hände, daß sie sich glücklich schätzen können, keine dauerhaften Schäden davongetragen zu haben. Alle wußten, daß ich die „Sexberaterin" am Set gewesen war. Ich nehme an, sie stellten sich vor, daß ich mit einer Reitgerte über Gina und Jennifer gebeugt gestanden und geschrien hatte: „Tiefer! Härter! Ein bißchen weiter links!"

Die Festivalleitung brachte unsere kleine Gruppe auf die Bühne um uns vorzustellen, und ich setzte mein strahlendstes Siegerinnen-Lächeln auf. Irgendein Typ von den Festivalsponsoren kam hoch, um kurz einzuschieben, „Warum jeder Mann und jede Frau einen Isuzu kaufen sollte". Er fuhr voll auf der neuen Homo-Marketing-Schiene und erzählte dem gedrängt vollen Saal allen Ernstes, daß der neue Isuzu die erste Wahl für lesbische Autokäuferinnen sei.

Ich dachte, ich drehe durch angesichts dieses geschmacklosen Geprotzes vor der Premiere unseres Films. Sobald er abgetreten war, schnappte ich mir das Mikro und sagte: „Ich weiß nicht, wie's euch geht, aber die meisten Lesben, die ich kenne, fahren immer noch mit dem *Bus!*" Die Menge tobte – unsere erste Standing Ovation –, und jede nun folgende Sekunde war ein Wirklichkeit gewordener Traum.

Der Film war allererste Sahne, die DarstellerInnen waren absolut heiß, die ZuschauerInnen registrierten jeden erotischen Fingerzeig und jede Anzüglichkeit und kreischten, so wie ich es ein Jahr zuvor in meiner Küche beim Lesen des Skripts getan hatte. Am Ende explodierte das Publikum in einer Orgie der Dankbarkeit. Ich dachte schon, sie würden uns auf den Schultern hinaustragen, und Frauen kamen „Danke! Danke!" schluchzend auf mich zu.

Larry und Andy beschlossen, den Film nach dieser Castro-Premiere nie wieder anzusehen, und sie haben sich daran gehalten. Sie sagten, besser könne es nicht werden, und sie wollten diese Aufführung als erste, beste und letzte in Erinnerung bewahren. Ich fürchte, ich bin da eher unersättlich. Als der Film endlich an meinem Wohnort startete, unternahm ich neun Ausflüge mit meinen FreundInnen. Ich sah *Bound* mit meinem Vater, ich sah ihn mit der Grundschullehrerin meiner Tochter und deren Ehemann. Ich schaute ihn mir mit meinen Ex-Geliebten an, die schließlich entscheidend zu meiner Beratungsqualifikation beigetragen haben.

Ich platze geradezu vor *gay pride*. Aber die Sache ist die: Ich bin bi. Und ich bin der romantischen Boy-Girl-Szenen in den Hollywood-Epen überdrüssig. Die Macher haben keine Ahnung und glauben, daß es nichts Schärferes als *The Red Shoe Diaries* gibt, einen Softsexstreifen mit David Duchovny. Schnarch. Ruft mich an, Jungs. Ich weiß, es gibt derzeit in Hollywood tausend Regisseure mit einem anständigen Budget, die kurz davor stehen, ihre heiß erwartete Sexszene zu drehen – und denen vor jedem Moment graut. Ich sorge dafür, daß du dich besser fühlst, lieber Regisseur. Über diesen Teil deines Films wird die Welt noch lange reden. Und du brauchst mir noch nicht einmal eine Rolle anzubieten.

Quellennachweis

Die folgenden Texte erschienen ursprünglich in der Zeitschrift *On Our Backs* und wurden 1990 unter dem Titel *Susie Sexpert's Lesbian Sex World* herausgegeben (Cleis Press) bzw. unter dem Titel *Susie Sexperts Sexwelt für Lesben* (Krug & Schadenberg 1993):

Das erste Mal, *The First Time*, Sommer 1984
G-Spot-Zipperlein, *G-Spot-Jitters*, Herbst 1984
Machen Vibratoren süchtig? *Vibrator Addict*, Winter 1985
Pack's ein – ich nehm's! *Pack it up, I'll take it*, Frühjahr 1985
Eine Butch ist eine Butch ist eine ... , *A Butch is a Butch is a ...*, Frühjahr 1985
Alles im Arsch, *Ass Forward*, Sommer 1985
Party Snacks, *Party Favours,* Winter 1986
Gruppendynamik, *Get into the Group*, Frühjahr 1986
Gurken und andere Südfrüchte, *Rub-A-Dub-Gambo*, Herbst 1986
Faust im Spiel, *A Hand in the Bush*, Winter 1984
Verbrechen wider die Natur, *Crimes Against Nature*, Sommer 1987
Verdammt, Madame! *Dam it, Janet!*, Herbst 1987
Fisting II, *Fisting II*, Winter 1988
China Girl, *Great Balls from China and Other Tall Toys*, März/April 1989
Weg mit den Samthandschuhen!, *Over the Dam*, Juli/Aug. 1989
in & out. *A Star is Porn*, Sept./Okt. 1989
Absolut bestechend, *Absolutely Pierced*, Nov./Dez. 1989
Guter Hoffnung, *What to Expect*, März/April 1990
Kreißende Lesben, *Lesbians in Labour*, Juli/Aug. 1990
Hey, leg mich flach! *Hey, turn me over!*, Nov./Dez. 1990
Leck mich doch ...!, *Muff-O-Mania*, März/April 1991

Die folgenden Texte erschienen ursprünglich in verschiedenen Zeitschriften und wurden zusammen mit weiteren Beiträgen unter dem Titel *Susie Bright's Sexual Reality: A Virtual Sex World Reader* herausgegeben (Cleis Press 1992) bzw. unter dem Titel *Susie Sexperts liederliche Lesbenwelten* (Krug & Schadenberg 1995):

Geburtstag à la O, *Story of O Birthday Party*
Von Dephinen und anderen Fabelwesen, *Shiny Plastic Dildos Holding Hands*
Phantasien sind kein Kaffeesatz, *Rape Scenes*
Strip Tea, *Strip Tea*
Eiertanz, *Egg Sex*
Ja sagen und ja meinen, *When No Means I Didn't Know It Would Be Like This*
Lesbische Lebenslügen, *Lesbians, Lies, Secrets and Silence*
Von Wetterfahnen und dem grünäugigen Monster, *BlindSexual*

Die Texte „Das Sexleben der Legehenne" (Bom-Bi) und „Sexberaterin der Stars – Mein Rolle in *Bound*" (Sex Consultant to the Stars) sind der erweiterten Neuausgabe von *Susie Sexpert's Lesbian Sex World* (Cleis Press 2000) entnommen.

Die Autorin

Susie Bright, Jahrgang 1958, ist die bekannteste erotische Kritikerin und Sex-Kolumnistin der USA. Sie war Mitgründerin und von 1984 bis 1990 Herausgeberin von *On Our Backs*, der „Zeitschrift für die abenteuerlustige Lesbe" und Beraterin bei *Good Vibrations*, dem berühmten Frauen-Sex-Shop in San Francisco. Zu ihren zahlreichen Veröffentlichungen zählen verschiedene Essaybände und der Fotoband *Nothing But the Girl: The Blatant Lesbian Image* (mit Jill Posener). Von 1993 bis 1999 war sie Herausgeberin der Reihe *Best American Erotica* und hat darüber hinaus die Reihe *Herotica* ins Leben gerufen. Susie Bright ist Mutter einer Tochter und lebt in Santa Cruz, Kalifornien.

Die Übersetzerin

Birgit Scheuch engagierte sich ein gutes Jahrzehnt lang für eine anspruchsvolle schwullesbische Kultur und besseren lesbischen Sex – als Veranstalterin eines schwullesbischen Filmfestivals, als Chefredakteurin eines Lifestyle-Magazins, als Leiterin von Workshops für lesbische Sex-Gourmettes, als Organisatorin einer internationalen Frauen-SM-Konferenz und vieles mehr. Inzwischen arbeitet sie als Managerin in der Multimediabranche. Sie baut darauf, daß die Saat aufgeht, und hofft für ihre Freizeit auf eine stets reichliche Auswahl im Bereich hochwertiger Kultur und prickelnder erotischer Events sowie auf tadellosen Sex.

Die Einführende

Laura Méritt, Sexpertin, feministische Linguistin und Mediatorin, betreibt seit dreizehn Jahren Deutschlands erstes Sex-Dienstleistungsunternehmen für Frauen, *Sexclusivitäten*, inklusive dem lesbischen Escort-Service *Club Rosa*.

Sie ist Autorin u.a. von *Lauras Animösitäten und Sexkapaden* und Herausgeberin von *Mein lesbisches Auge I* und *II*. Laura Méritt arbeitet zur Zeit an ihrer Doctrix zum Gesprächsverhalten von Frauen beim Thema Nummer eins: Sex.

Wir danken Summit Entertainment für die freundliche Erlaubnis, das Foto aus Bound *für den Umschlag dieses Buches verwenden zu dürfen.*

Die Deutsche Bibliothek – CIP-Einheitsaufnahme
Bright, Susie:
Best of Susie Sexpert / Susie Bright.
Aus dem amerikan. Engl. von Birgit Scheuch. –
1. Aufl. – Berlin : Krug & Schadenberg, 2001
ISBN 3-930041-03-0

Alle Rechte vorbehalten
© 2001 Krug & Schadenberg
Heimstraße 19, 10965 Berlin

1. Auflage 2001

Übersetzung: Birgit Scheuch, Berlin
Lektorat: Andrea Krug, Berlin
Gestaltung: Dagmar Schadenberg, Berlin
Druck: Clausen & Bosse, Leck

Lesen macht glücklich und schön.

 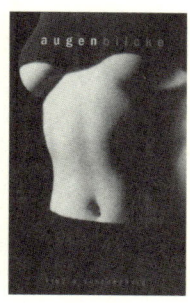

Sex ist eine Kunst, die gelernt sein will. Sie brauchen: Zeit für sich, kindliche Neugier, pubertäre Experimentierlust und erwachsene Sehnsüchte ... *Tantra für Genießerinnen* regt Frauen an, sich auf spielerisch-lustvolle Weise (wieder) mit ihrer Sexualität zu beschäftigen.

Christa Schulte
Tantra für Genießerinnen
336 Seiten, gebunden
ISBN 3-930041-25-1

Über Femmes und Feministinnen, Nonnen und Nichten, Verkäuferinnen und Vertreterinnen, Gärtnerinnen und (Ex)Geliebte, Kellnerinnen und Kauffrauen – Erzählungen über lustvolle Augenblicke, in denen der Funke überspringt.

Andrea Krug,
Dagmar Schadenberg (Hg.)
Augenblicke
Erotische Erzählungen
ISBN 3-930041-19-7

Verlag Krug & Schadenberg | Heimstr. 19 | 10965 Berlin

Reisestoff fürs Lesefieber ...

Die Liebesgesänge der Phoenix Bay ist ein tiefgründiger, zuweilen bissig-ironischer Roman um eine *queer family* und zugleich eine Liebesgeschichte, in der die Facetten romantischer Sehnsucht klug und sensibel ausgeleuchtet werden.

Nisa Donnelly
Die Liebesgesänge der Phoenix Bay
Roman
ISBN 3-930041-21-9

Ev Anckert, Verlegerin in Paris, begegnet Isabelle Coache, Psychologin und Autorin aus Quebec – eine betörende Liebesgeschichte voller Lust und Leidenschaft, Zorn und Zärtlichkeit beginnt ...

Louise Auger
Eine Sommerliebe in Paris
Roman
ISBN 3-930041-24-3

Verlag Krug & Schadenberg | Heimstr. 19 | 10965 Berlin